EVA-MARIA BAST | WIEBKE STITZ

Sylter
Geheimnisse

**50 SPANNENDE GESCHICHTEN VON DER
INSEL, DIE VIELE ZU KENNEN GLAUBEN**

SCHLESWIG HOLSTEINISCHER ZEITUNGVERLAG

Sylter Rundschau

SÖL'RING FORIINING
RÖM HART, KLAAR KIMING

Bast, Eva-Maria; Stitz, Wiebke
Sylter Geheimnisse – 50 spannende Geschichten
von der Insel, die viele zu kennen glauben

SYLTER RUNDSCHAU & SÖL'RING FORIINING
in Kooperation mit:
Bast Medien, Münsterstr. 35, 88662 Überlingen
(verantwortlich)
Überlingen 2016
ISBN: 978-3-946581-02-4

Copyright: Bast Medien
Lektorat: Lena Bast
Recherche: Manuela Klaas
Covergestaltung: Jarina Binnig, Cornelia Müller, Carina Linke
Layout: Homebase – Kommunikation & Design: Jarina Binnig
Grafik: maps4news.com/©HERE (Karte)
Satz: Carina Linke
Druck: werk zwei Print+Medien Konstanz GmbH

Ein Titel aus der preisgekrönten Reihe „Geheimnisse der Heimat"

Inhalt

Vorwort

*S*ylt hat keine Geheimnisse – oder doch? Ganz ehrlich, als ich von dem Buchprojekt „Sylter Geheimnisse" erfuhr, dachte ich, dass es nur wieder eine dieser vielen, leider oft überflüssigen Publikationen werden würde, die eh schon den Markt der Druckerzeugnisse verstopfen und die Leser tendenziell eher enttäuschen als aufklären beziehungsweise vertiefend informieren.

Kurzum: Ich war gegen das Projekt! Nicht zuletzt, weil es schließlich eine Zeitung wie die „Sylter Rundschau" gibt, die alle Geheimnisse der Insel kennt, neue aufdeckt und andere für nicht wahr erklärt. Wir Zeitungsleute wissen eben Bescheid.

Dann kam Eva-Maria Bast. Eine Journalistin, eine Kollegin, eine Wühlerin, Rechercheurin, eine, die es wissen will, die nicht daran glaubt, dass schon alles bekannt, beschrieben und erzählt ist. Eine Frau mit Instinkt für die Dinge, Erscheinungen und Behauptungen, die scheinbar klar, aber doch nicht so sind, wie sie bisher berichtet wurden, und die einen Blick hat für all die Nebensächlichkeiten und unscheinbaren Zeichen in der Welt, die eine genaue Betrachtung lohnen, weil sie erstaunliche Geschichten offenbaren. Auch – und gerade auf Sylt.

Mit der Wahl ihrer Co-Autorin Wiebke Stitz und den so genannten Geheimnis-Paten hat Eva-Maria Bast ein überzeugendes Team für die Sylter Entdeckungsreise formiert, das mit fein justiertem Kompass seine Suche nach den ungeklärten Sylter Geheimnissen ausgerichtet hat und mit ebenso tiefgründigen wie unterhaltsamen Texten jetzt den Leser begeistert.

Selbst wenn es so scheint, als sei fast jeder Stein auf der Insel schon gehoben, jede Tür schon geöffnet, jeder Lebenslauf bereits erzählt und jeder Mythos längst entlarvt, nimmt dieses Buch auf seiner Expedition in die Wüste der Sylter Geheimnisse abenteuerliche Wege, führt zu Quellen und Lichtungen, die erstaunen, bewegen und begeistern. Sylt bekommt mit diesem Werk ein Geschenk. Denn hier wird manches Geheimnis zu dem, was es wirklich ist: die wahre Geschichte.

Michael Stitz
Chefredakteur
sh:z das medienhaus sylt
Sylter Rundschau/Sylt Magazine

Die Autorinnen

Eva-Maria Bast, Jahrgang 1978, arbeitet seit 1996 für verschiedene Zeitungen und Magazine. 2011 gründete sie mit Heike Thissen das Journalistenbüro „Büro Bast & Thissen", das 2013 erweitert wurde und sich nun „Bast Medien" nennt. Eva-Maria Bast initiierte und schreibt die Buchreihe „Geheimnisse der Heimat", die 2011 startete, schnell zu einem regionalen Bestseller wurde und die 2016 in über 30 Bänden vorliegt. 2012 wurde die Tageszeitung Südkurier für die Geheimnis-Reihe mit dem Deutschen Lokaljournalistenpreis der Konrad-Adenauer-Stiftung in der Kategorie „Geschichte" ausgezeichnet. 2012 begann Bast sich auch der Belletristik zu widmen. Mit „Vergissmichnicht" gab sie ihr Krimi-Debüt, „Tulpentanz" folgte ein Jahr später. Im Frühjahr 2014 erschien Teil 1 (Mondjahre), 2015 Teil 2 (Kornblumenjahre) und 2016 Teil 3 (Dornenjahre) ihrer zeitgeschichtlichen Jahrhundert-Saga. Seit Juni 2015 ist sie Gastdozentin an der Hochschule der Medien Stuttgart. Eva-Maria Bast lebt in Überlingen am Bodensee.

Wiebke Stitz, 1968 in Neumünster geboren, wollte nie nach Sylt. Heute hält sie den Umzug auf die Insel für die beste Entscheidung ihres Lebens. Sie studierte Germanistik und Gestaltung, bevor sie der Radio-Virus befiel. Bei R.SH – Radio Schleswig-Holstein – in Kiel absolvierte sie eine Ausbildung zur Redakteurin für Presse und Promotion. Dieses Know-How bildet die Grundlage für ihre Agentur mit den Schwerpunkten Eventmanagement, Marketing sowie Presse- und Öffentlichkeitsarbeit. Seit 2014 schreibt sie für die Sylter Rundschau und andere Medien. Fasziniert von der realen Sylter Lebenswelt abseits des Tourismusrummels, gehört sie dem Vorstand der Söl'ring Foriining an. Zusammen mit ihrer Familie lebt sie ganz im Inselsüden und freut sich täglich über den Blick auf RALF: Rechts Amrum, Links Föhr.

Das Emblem am Haus der Bäckerei Lund scheint aus purem Gold zu bestehen.

Goldene Brezel

Die Odyssee von Bäckern und Fliesen

Manchmal wünscht man sich, dass Dinge sprechen könnten. Steht man in Hörnum vor der Bäckerei Lund und blickt nach oben, strahlt ein Objekt an der Hauswand golden zurück und der Betrachter fragt sich, was das ist. Zu sehen sind eine Brezel und eine nach oben strebende Röhre. Handwerk scheint auch auf Sylt goldenen Boden zu haben, denn beides sieht aus, als ob es aus reinem Gold wäre. Juniorchef Jens Lund lacht: „Ja, mancher denkt wirklich, dass unser Emblem so gemacht ist – und wer weiß …" Die Brezel ist sofort als solche zu identifizieren, doch was bedeutet die Röhre darüber? Der geborene Sylter kann Aufschluss geben: „Die Brezel steht als Zeichen der Bäcker. Die Röhre ist natürlich keine Röhre, sondern ein Baumkuchen. Und der steht als Zeichen der Konditoren." Die Lunds backen in Hörnum also nicht nur köstliche Brote und Brötchen, sie stellen auch Kuchen, Torten und

Pralinen her. Von der ganzen Insel kommen die Schleckermäuler nach Hörnum, um die legendären Lund'schen Erdbeertörtchen oder die nur hier hergestellte „Sölring Iskreem" zu naschen. So ist es nur logisch, dass sich direkt neben der Bäckerei ein Café befindet. Wie die Lunds nach Hörnum gekommen sind, verkündet dort eine prächtige blau-weiße Fliesenwand.

Die Urahnen der Familie Lund stammen aus dem Listland im Norden der Insel und hießen Christensen. Noch heute

„Und jetzt kommen wir zur leicht kriminellen und etwas komplizierten Seite der Geschichte."

sagen einige Bewohner dort „Ich gehe nach Sylt", wenn sie sich auf den Weg gen Süden machen. Das hat im übertragenen Sinne auch eine Holzkiste mit holländischen Fliesen getan und ist nach einer Odyssee im Inselsüden angekommen.

Das Listland erfuhr eine wechselvolle Geschichte: Der dänische König Erik VI. (1274-1319) schenkt den „wertvollsten Teil der nordfriesischen Inseln" am Bartholomäustag 1292 seiner aufstrebenden Handelsstadt Ripen. Nachdem das alte Listum, das weiter westlich als das heutige List gelegen hat, bei der großen „Mandränke" 1362 untergegangen ist, fällt das Listland von der Stadt Ripen zurück an das dänische Königshaus. Aus strategischen Gründen soll der nördlichste Punkt Sylts besiedelt werden, deshalb übereignet der dänische König die Fläche als Erbfeste, ein erbliches Lehen, an zwei Fischer aus Fanö.

1608 werden im „Ribehaus Erdbuch" erstmals Besitzer des Ost- und des Westhofes im Listland genannt: Jürgen Jensen und Jürgen Hansen. Irgendwann siedelte auch Familie Christensen dort. Der Ausbruch des Ersten Weltkrieges veränderte einiges: Das Militär brauchte Flächen zum Bau von strategischen Anlagen. Das hierfür benötigte Land wurde den betroffenen Familien nicht etwa abgekauft, sie wurden kurzerhand enteignet und mussten das Listland verlassen.

Die Nachfahren von Familie Christensen, die inzwischen Hammer hießen, kauften ein Haus in der Süderstraße 8 in Westerland. Zusammen mit ihnen zogen die Fliesen um, die zuvor in List die Wand geschmückt hatten, und jetzt verpackt in einer Holzkiste die Reise antreten sollten. Heute kennen Gerne-Esser diese Adresse übrigens als Restaurant des Sylter Spitzenkochs Jörg Müller.

In Westerland angekommen, nahm die Großmutter von Jens Lund erst einmal die Männerwelt um sich herum in Augenschein. Ihre Wahl fiel auf Bäckermeister Willy Lund. Es wurde geheiratet und ein gemeinsames Haus gesucht, das die aus List mitgebrachten Fliesen jetzt schmücken sollten. Doch dann kam der Zweite Weltkrieg und machte den Fliesen einen weiteren Strich durch die Rechnung auf ihrem Weg

Jens Lund vor den Fliesen, die das Leben seiner Vorfahren lange in einer Holzkiste begleitet haben.

an die Wand. Die Strategen des Dritten Reiches bauten den Inselsüden im Zuge ihrer Kriegsvorbereitungen planvoll in eine Festung um. Quasi über Nacht entstand der Ort Hörnum mit zahlreichen Soldaten und ihren Familien. Und die hatten Hunger. Deshalb brauchte Hörnum einen Bäcker, und das sollten der Westerländer Bäckermeister Willy Lund und seine Ehefrau Christine werden. Ihnen wurde nicht nur ein Haus versprochen, sondern auch, dass Willy Lund nicht in den Krieg ziehen müsse. In Hörnum wurde in der Rantumer Straße die versprochene Bäckerei gebaut, der Umzug in den Inselsüden fand statt, doch niemand dachte an die Kiste mit den holländischen Fliesen, die immer noch im Haus in Westerland stand. Am 18. Dezember 1940 eröffnete das Ehepaar die Wehrmachtsbäckerei in Hörnum.

Die Nachfrage nach frischem Backwerk war groß, und bereits bei Kriegsende musste das Haus erweitert werden. Jens Lund lacht: „Und jetzt kommen wir zur leicht kriminellen und etwas komplizierten Seite der Geschichte – Baumaterial war teuer und knapp auf der Insel, aber meine Familie wusste sich zu helfen. Am Hafen stand noch der Flugzeugkran, ein Teil des Seefliegerhorstes, den das Militär errichtet hatte. Der wurde nun ja nicht mehr gebraucht. Und Teile davon finden sich noch heute im Dach unserer Backstube wieder." Die Zusage, dass Willy Lund nicht in den Krieg ziehen müsse, hielt das Militär nicht ein – 1945 wurde der Großvater von Jens Lund eingezogen und verlor in den letzten Kriegstagen sein Leben. Ein Unglück kommt selten allein: Obwohl der Flugzeugkran nach dem Krieg demontiert und verschrottet werden sollte, blieb diese „Materialausleihe" für die Bäckerfamilie nicht ohne Folgen. „Jetzt wurden wir hier in Hörnum enteignet, weil wir unrechtmäßig das Material genommen hatten. Außerdem waren nach Ende des Zweiten Weltkriegs ohnehin alle Besitzverhältnisse unklar."

Nach den Soldaten kamen die Flüchtlinge nach Hörnum. Und auch sie hatten Hunger, und auch sie brauchten einen Bäcker. Damit Bäcker Lund trotz der „Materialausleihe" bleiben und weiter Brot und Brötchen backen konnte, wurde tief in die Trickkiste gegriffen: Das Westerländer Haus wurde von Großmutter Christine Lund an das Rote Kreuz verkauft. Mit dem Geld aus dem Verkauf konnten Lunds dann ihre eigene Bäckerei in Hörnum zurückkaufen. „Und jetzt endlich, als das Haus in Westerland von uns ganz geräumt wurde, entdeckte meine Großmutter auch die Kiste mit den Fliesen wieder!"

Dieses Mal kamen die Fliesen mit in den Inselsüden. Die Bäckerei florierte und schon bald konnte das Café angebaut werden. „Entworfen hat es ein Architekt namens Vogel. Er hatte die Idee, aus den Fliesen ein geschlossenes Wandbild zu formen", berichtet Jens Lund. Damit könnte die Geschichte schon glücklich enden, doch das Schicksal hat noch ein kleines Schmankerl hinzugefügt: Jens Lund, 1986 auf Sylt geboren, entscheidet sich nach der Schule zunächst dafür, eine Ausbildung zum Konditor zu machen. „Aber dann habe ich entdeckt, dass ich auch leidenschaftlich gerne koche. Schon wenn ich mir verschiedene Zutaten vorstelle, kann ich ihre Kombination in Gedanken schmecken", erzählt der blonde Friese. So machte sich der junge Sylter auf die Suche nach einer geeigneten Ausbildungsstelle, in Frage kam für ihn nur eines der ersten Häuser am Platze. Ausgesucht hat er sich das Restaurant von Jörg Müller, in dem Haus in der Süderstraße 8, in dem vorher das Rote Kreuz gewesen ist und das davor seinen Großeltern gehörte.

Wiebke Stitz

··

So geht's zur goldenen Brezel:

Nach Hörnum führt nur eine Straße. Von dieser zweigt in der Kurve in Hörnum die Rantumer Straße ab, in der die Bäckerei liegt. Sie hat die Hausnummer 1.

Eberhard Tschepe weiß, warum eine Fahne in Hörnum bei Nordwest-Wind gegen den Wind zu wehen scheint.

02 Gegen-den-Wind-Fahne

Aus der Reihe tanzen bei Nordwest

Physikalische Gesetzmäßigkeiten gelten auf Sylt ebenso wie im Rest der Welt – sollte man zumindest meinen: Was uns aus der Hand fällt, landet aufgrund der Schwerkraft auf dem Boden, Flüsse fließen immer von der Quelle zur tiefer gelegenen Mündung und der Wind bestimmt die Richtung, in die Fahnen wehen, egal, wo auf der Welt sie zu finden sind.

Aber was ist im Inselsüden von Sylt los? Am Oststrand von Hörnum scheinen die Naturgesetze außer Kraft gesetzt zu sein. Während die Sylter Fahnen von List bis Hörnum und von Westerland bis Morsum dorthin wehen, wohin der Wind sie bläst, widersetzt sich ein einzelnes Hörnumer Stoffstück: Kommt der Wind aus Richtung Nordwest, stellt es sich ihm entgegen und flattert in die andere Richtung. Nicht nur die zahlreichen Touristen, die auf der Hörnumer Strandpromenade entlangflanieren, schütteln ungläubig den Kopf, wenn sie diesem Phänomen das erste Mal begegnen, und recken erstaunt die Hälse in den blauen Nordseehimmel.

Man muss es sehen, um es zu glauben: Die Fahne weht bei Nordwest nicht wie die anderen auf der Promenade.

Auch Fernsehdeutschland konnte nicht glauben, dass es so viel Eigensinn im Süden von Sylt geben soll. Und nun kommt Familie Tschepe ins Spiel, die in Hörnum ein Fotofachgeschäft hatte. Eberhard Tschepe, früher Kameramann in Baden-Württemberg, machte als Strandfotograf in den Sommermonaten Bilder von Nordsee-Urlaubern. Im Laufe der Zeit lernte er die Eigenarten des Inselsüdens kennen. Sogar den Syltern war Hörnum von jeher nicht ganz geheuer, denn es hielt sich hartnäckig das Gerücht, dass es hier spukt. Nachts, so geht die Sage, hätten sich die Hexen von Föhr und Amrum auf dem Inselhaken getroffen und in Katzen verwandelt. Und wer bei Sturm dem durch die Dünen wehenden Wind in Hörnum lauschte, habe die Stimmen längst verstorbener Seeleute hören können. Darüber hinaus war es auch der Inselsüden, der als Kulisse für die legendäre Tat des Pidder Lüng diente: Als der dänische Steuereintreiber bei Familie Lüng ungebührlich auftrat, drückte Pidder mit dem Ausruf „Lewer duar üs Slaav!" („Lieber tot als Sklave!") dessen Kopf so lange in den heißen Grünkohltopf, bis der Däne tot war. Vielleicht war aufgrund all dieser unheimlichen Vorkommnisse Hörnum auch der Ort auf Sylt, der am längsten unbewohnt blieb. „Auf Hörnum", wie die Sylter sagten, „wollte niemand leben."

Aber zurück zu Eberhard Tschepe, der von seinem Sender den Auftrag bekam, für die Fernsehshow „Wer dreimal lügt" ungewöhnliche Tatsachen filmisch zu erzählen. Die Zuschauer sollten gemütlich von der heimischen Couch aus raten, ob die Geschichte wohl stimmen könnte oder ihnen eine dreiste Lüge aufgetischt wurde.

Die Wahl des Teilzeit-Hörnumers Tschepe fiel natürlich auf die Gegen-den-Wind-Fahne auf der Hörnumer Promenade. Die zeigte sich parademäßig auch an diesem Tag genau so widerborstig wie gewünscht und flatterte, während ihre Nachbar-Fahnen brav das Fähnchen im Wind gaben, in die entgegengesetzte Richtung. „Wie an einer Schnur gezogen!", schmunzelt Eberhard Tschepe noch heute über diesen Moment und blickt verschwörerisch den Fahnenmast hoch. Jetzt war es an den Fernsehzuschauern zu erraten, ob in diesem Filmbeitrag die Wahrheit erzählt oder dreist gelogen wurde. „Das kann nur eine Lüge sein!", war sich die Fernsehnation schnell einig.

Doch der Wahrheitsgehalt der Gegen-den-Wind-Fahne wurde mit 100 Prozent bestätigt – und nun klingelte das Telefon des damaligen Hörnumer Kurdirektors und Bürgermeisters Springer, bis es glühte. Wie konnte das stimmen? Auch Springer blieb jedoch nichts anderes übrig, als die Geschichte von Eberhard Tschepe zu bestätigen und die Zuschauer, ganz Tourismusprofi und rund um die Uhr im Sinne Hörnums im Dienst, herzlich nach Sylt einzuladen, um das Phänomen mit eigenen Augen zu bewundern. Es ist nicht überliefert, ob der Hörnumer Tourismus dadurch schlagartig anstieg, aber noch heute lässt sich die Fahne bei Nordwest nicht in Reih und Glied zwingen.

Und woran liegt es nun? Die Erklärung ist ganz einfach – wie so oft. „Schuld an diesem Phänomen", erklärt Eberhard Tschepe unter dem Corpus Delicti auf der Hörnumer Promenade, „ist meiner Einschätzung nach die Häuserreihe, die neben der Promenade steht. Hier prallt der Wind quasi ab, trifft genau auf diese eine Fahne und lässt sie in die Gegenrichtung wehen. Das ist das ganze Geheimnis. Eigentlich weht die Fahne doch dahin, wohin der Wind sie bläst." Wer bei Nordwestwind in Hörnum auf der Promenade entlangspaziert, hat vielleicht Glück und entdeckt die Fahne, die sich liebend gerne augenscheinlich gegen den Wind stellt.

Wiebke Stitz

....

So geht's zur Gegen-den-Wind-Fahne:

Die Fahne weht auf der Hörnumer Promenade.

Pastorin Annette Gruenagel kann die Symbole auf den
Holzschnitzereien erklären.

03

Holzschnitzereien

Erinnerungen an die „Norweger-Kirche"

S ie ist noch keine 50 Jahre alt und steht schon unter Denkmal-
schutz: Die Kirche St. Thomas in Hörnum wurde am 14.
Januar 1997 vom Schleswig-Holsteinischen Landesamt für
Denkmalpflege „in Anbetracht der künstlerischen und orts-
prägenden Aussagekraft als jüngste Kirche des Landes" mit dieser
besonderen Auszeichnung gewürdigt. Das gibt der Arbeitsstätte der
jetzigen Pastorin Annette Gruenagel eine ganz besondere Bedeutung.
An die Zeit vor diesem architektonischen Kleinod im Inselsüden erinnern zwei alte Holzschnitzereien an der Rückwand des Kirchenraumes, die sich stilistisch von der bewusst sehr minimalistisch gestal-
teten St. Thomas Kirche abheben: Auf dem hellen Grund der zwei
hochformatigen Holzstücke sind handgeschnitzte Tiersymbole, Wein-

Die Tafeln hängen im Kirchenraum an der rechten Rückwand.

stöcke und Reben zu sehen. Ihre Entstehungsgeschichte hat Pastorin Annette Gruenagel aus der Gemeindechronik Hörnum-Rantum und in Gesprächen mit der Tochter des ersten Hörnumer Pastors zusammengetragen: „Die Holzschnitzereien zierten den Altar des ersten Hörnumer Kirchenraumes. Gemacht wurden sie von jemandem, der nach dem Zweiten Weltkrieg als Flüchtling auf die Insel kam. Sein Name ist Haaks, für seinen Vornamen steht nur ein E., und er war Drechsler."

Nach dem Zweiten Weltkrieg wurde die Bevölkerungszahl auf Sylt auf den Kopf gestellt, denn auch hier suchten Menschen eine neue Heimat. 12.449 Einheimischen standen fast 14.000 Flüchtlinge und Vertriebene gegenüber. Der Krieg hatte seinen Tribut gefordert, Menschen aus ganz Deutschland waren auf der Flucht und kamen auch nach Sylt.

In Hörnum lebten 2000 von ihnen in den ehemaligen Kasernen der Wehrmacht. Für Unterkunft war gesorgt, doch neben der Lebensmittelknappheit, die Sylt den Beinamen „Hunger-Insel" einbrachte, fehlte den neuen wie den alten Hörnumern eines gleichermaßen: Es gab im Inselsüden keine Kirche, nur eine Schulbaracke. Das Gebäude steht übrigens noch heute als auffälliger roter Holzbau in den Hörnumer Dünen. Diese Baracke war durch die Wehrmacht und Luftwaffenbauleitung errichtet und schon bald nach ihrer Fertigstellung dazu bestimmt worden, hier Schulunterricht abzuhalten. Jetzt sollte aus der Schulbaracke eine Kirche für die Hörnumer werden. Dazu hat Annette Gruenagel in der Gemeindechronik folgenden Eintrag gefunden: „Die Norwegische Europahilfe, die schon an Naturalien (große Fischsendungen) viel Gutes an den Heimatvertriebenen auf der ‚Hungerinsel Sylt' getan hatte, die große Opferbereitschaft im Hörnumer Handwerk und (die) von den einzelnen Gemeindegliedern und manche Spende von auswärts ermöglichten es, am 30.9.1949, die

Schulbaracke von einst, nun als neue evangelische St. Martinskirche in einem großen Festgottesdienst und Festakt einzuweihen. Mit der Auflage, auch Kulturhaus für jedermann ausgewiesen durch kleinere Gemeinderäume zu sein, wurde aber doch – so wollten es auch die Norwegischen Spender – die ev. Kirchengemeinde eigentl. Hausherr (...) Die Schnitzereien am Altar (...) stammen von dem Heimatvertriebenen Drechsler E. Haaks (...) aus Rantum."

Als 1970 die architektonisch so außergewöhnliche Kirche St. Thomas in Hörnum entstand, konnte die Holzhütte für andere Dinge genutzt werden, so wie es auch ihre ursprüngliche Bestimmung als „Kulturhaus für jedermann" festlegte.

Geblieben sind aber die Schnitzereien aus hellem Holz, die unterschiedliche Motive zeigen und einst den Altar der „Norweger-Kirche" schmückten. Heute haben sie ihren Platz in St. Thomas. Annette Gruenagel kann die Abbildungen auf den Holztafeln erklären: „Auf der linken Schnitzerei sind vier Figuren zu sehen. Das sind die vier Evangelisten Matthäus, Markus, Lukas und Johannes, abgebildet als Mensch, Löwe, Stier und Adler. Alle Figuren zeigen Christus in unterschiedlichen Situationen: Mensch geworden in der Figur des Menschen, majestätisch als Löwe, priesterlich als Stier und Geist spendend als Adler."

Die Holzschnitzerei daneben zeigt einen Weinstock mit Reben und Trauben. Annette Gruenagel kann auch diese Abbildung deuten: „Die Darstellung hat einen christlichen Hintergrund, denn beim Abendmahl bezeichnet Christus sich als Weinstock, die Reben sollen die Gläubigen sein." Und daran, dass dieser Weinstock auch in Hörnum seine Reben tragen kann, haben die damalige „Norweger-Kirche" und heute die St. Thomas Kirche einen großen Anteil.

Wiebke Stitz

....

So geht's zu den Holzschnitzereien:

Die St. Thomas Kirche steht in der Hangstraße und ist bereits von Weitem gut zu sehen. Die Tafeln hängen im Kirchenraum an der rechten Rückwand.

04

Ganggrab

Pfadfinder-Abenteuer in den Dünen

W issenschaftliche Abhandlungen und Funde können durchaus spannend sein – aber manchmal sind die Geschichten, die hinter ihnen stecken, mindestens genauso erzählenswert. Das trifft sicher für das Ganggrab in Kampen zu, das in der Wissenschaft als „Megalithgrab aus dem Mittelneolithikum" beschrieben wird. Falk Eitner, Ur-Kampener und heute Gästeführer in seinem Heimatort, findet dafür andere Begrifflichkeiten: „Für uns war das Grab ein echtes Abenteuer, eine Schatzsuche!", denn wie das Grab das Licht der Welt erblickte, hat er hautnah miterlebt.

„Kaum ein Gebiet in Deutschland wurde so von den Grabhügeln (...) geprägt wie die nordfriesischen Inseln Sylt, Föhr und Amrum. Die Grabhügel (...) dominierten auf den weitgehend baumlosen Inseln die Landschaft", teilt die Söl'ring Foriining dem Interessierten auf der „hünen.kulTour" durch die archäologische Landschaft Sylts mit. Ganggräber bestehen aus einer Kammer, die von Trag- und Decksteinen gebildet wird. Entstanden sind sie zwischen 3500 und 2800 v. Chr., sind also Zeugnisse der Jungsteinzeit. „Das spielte für uns keine Rolle, als junge Pfadfinder wollten wir etwas erleben", lacht der ehemalige Kapitän Falk Eitner.

1951 sollte die Grabanlage, die während des Ersten Weltkriegs beim Ausheben von Schützengräben in den Dünen entdeckt und bereits damals wissenschaftlich untersucht worden war, endgültig freigelegt werden. Von den fast 600 Grabhügeln und Gräbern, die es auf Sylt gegeben haben soll, sind viele im Laufe der Zeit zerstört worden: Das Meer überspülte sie, die Dünen deckten sie mit Sand zu oder die Menschen verwendeten ihre Steine für andere Bauwerke auf der Insel. „Es kam ein Professor und der brachte uns Spaten, Schubkarren und Pinsel mit. Und dann legten wir Jungs los." Die Jungs waren die Mitglieder der Sylter Pfadfindergruppe, der Falk Eitner damals angehörte.

Als Junge hat er bei der Ausgrabung geholfen, heute zeigt
Falk Eitner das Grab auf seiner Führung den Gästen.

Das Ganggrab besteht aus Deck- und Tragesteinen.

Auch heute gibt es auf der Insel wieder Pfadfinder, die 2012 ihre Arbeit neu begonnen haben und ihre Ziele so beschreiben: „Wir wollen mit den Kindern die Natur von Sylt und der Welt erkunden, weil sie in vielen Punkten sehr spannend und abenteuerreich ist. (...) Mit den Kindern etwas Cooles auf die Beine zu stellen, (...) das ist es doch, was Pfadfinder sein bedeutet." Heute geht es den Pfadfindern also nicht anders, als es vor einigen Jahrzehnten Falk Eitner und seinen Freunden ging.

Nach und nach legten die damaligen Sylter Jungs das Megalithgrab frei. „Überall war gelber Sand. Als wir dann zwischen den Steinen angekommen waren, da entdeckten wir Bernsteine, Tonscherben und kleine Knochen. Das fanden wir herrlich spannend, welcher Junge möchte nicht einmal einen Schatz ausgraben? Und außerdem hatten wir schulfrei", freut sich der Kampener noch heute.

Das Gangggrab, das im „Atlas der Megalithgräber Deutschlands" unter der Bezeichnung „Spockhoff-Nr.1" geführt wird, brachte neue wissenschaftliche Erkenntnisse. Eingebettet in einen Rundhügel aus gelblichem Sand, wurden in ihm noch bis in die Bronzezeit, also gut 1300 Jahre nach seiner Errichtung, weitere Bestattungen vorgenommen. Dabei könnte auch eine der zwei Deckplatten zerbrochen sein, die für die Bestattung angehoben werden mussten, um Urnen und Grabbeigaben in die Kammer zu legen. Der Gang, der dem wissenschaftlichen Fund seinen Namen gibt, verlief in südwestlicher Richtung und wurde aus Trag- und Decksteinen gebildet. Besonders lang war er anscheinend nicht, die heutige Rekonstruktion ist aufgrund der fehlenden Steine schwierig. Unheimlich fanden die Jungs in den 1950er-Jahren es nicht, ein Grab freizulegen. „Darum haben wir uns wenig Gedanken gemacht", gesteht Falk Eitner. Zwei Wochen buddelten die Jungs in den Kampener Dünen, dann war es geschafft. Doch das Interesse an dem historischen Fund erlosch im Laufe der Zeit.

„Das fanden wir herrlich spannend, welcher Junge möchte nicht einmal einen Schatz ausgraben?"

Als Falk Eitner Jahre später auf einer seiner Führungen durch Kampen an der spannenden Stelle seiner Jugend vorbeikommt, sieht er, wie zugewachsen und überwuchert das Ganggrab ist: kaum noch zu erkennen. Die Natur hat sich die Fläche zurückgeholt, das Grab droht wieder in den Dünen zu verschwinden. Falk Eitner informiert die Gemeinde, die es daraufhin wieder freilegt und dem Sylter verspricht: „Falk, auf dein Grab werden wir in Zukunft Acht geben!" Wie passend für den Mann, der als Kind bei der Ausgrabung geholfen hat.

Wiebke Stitz

So geht's zum Ganggrab:

Das Ganggrab liegt in den Kampener Dünen. Den Strönwai Richtung Meer passieren, dann nach rechts abbiegen in den Westerweg. Der Weg zum Grab wird durch eine Tafel der hünen.kulTour gekennzeichnet.

05

Hexenkreuz

Beine kreuzen hätte vielleicht auch geholfen

Man kann sie auf Sylt an verschiedenen Orten entdecken: kleine Kreuze, die auf den Dachgiebeln sitzen. Und geschichtsinteressierte Menschen kommen sogar mit einem solchen Kreuz in Berührung – dann, wenn sie ins Altfriesische Haus gehen, das zum Heimatmuseum des Vereins „Söl'ring Foriining" gehört. Will man es betreten, muss man über ein solches Kreuz hinweggehen – hier hat es noch eine Strebe mehr, sieht aus wie ein Stern und befindet sich nicht am Dachgiebel, sondern ist in das Pflaster eingelassen. Wer nicht nur geschichtskundig, sondern auch ein bisschen abergläubisch ist, kann seinen Besuch im Altfriesischen Haus beruhigt genießen und sich von Ulla Nielsen oder ihren Kolleginnen begrüßen lassen. Denn das Kreuz vor dem Haus sorgt dafür, dass Böses draußen bleibt – den gleichen Sinn haben auch die Kreuze auf den Giebeln. „Es handelt sich um sogenannte Hexenkreuze", klärt Ulla Nielsen bereitwillig auf. Im Mittelalter glaubte man nicht nur an Dämonen und böse Geister, sondern man hatte auch Methoden, sich der gefürchteten ungebetenen Gäste zu erwehren: Abwehrzauber hieß das Mittel der Wahl. Gerne verwendete man auch Fratzen und richtete diese bevorzugt in Richtung Westen aus, der Himmelsrichtung der untergehenden Sonne, dem Reich, in dem, so der Aberglaube, die finsteren Gestalten lebten. Die dämonischen Fratzen sollten andere Dämonen nach dem alten apotropäischen Grundsatz „Gleiches mit Gleichem" abwehren. Auch an Kircheneingängen finden sich solche Fratzen manchmal und zeigen an, dass das Niedere nun draußen bleibt und man sich drinnen in einem freien, lichten Raum bewegen kann.

Auf Sylt also versuchte man sich mit Kreuzen gegen Hexen zu schützen. Die Sylterinnen fürchteten um das Wohl ihrer Kinder, denn schließlich waren die Sylter Mütter fast das ganze Jahr allein, wenn ihre Männer zur See fuhren. Bräuche waren zum Beispiel, die Füßchen der Neugeborenen mit Butter zu bestreichen, Kreuze im Kreis um die

Ulla Nielsen glaubt nicht an Abwehrzauber – aber das Hexenkreuz findet sie trotzdem beachtlich.

Wiege zu legen und die Nachgeburt an der Stelle zu vergraben, die die Dorfhexe aussuchte. Das sollte vor allem Bösen schützen. Starb das Kind bei der Geburt, durfte die Mutter nicht zur Beerdigung kommen. Auch das brachte Unglück. Vor allem dagegen sollten die Hexenkreuze helfen.

Ein Hexenkreuz am Eingang zum Altfriesischen Haus.

Es gab über die Hexen auch viele Sagen. Teils hatte sie der Sylter Chronist C.P. Hansen aufgeschrieben, der im Altfriesischen Haus wohnte. Zum Beispiel gibt es die Sage vom „Hexentanz auf dem Buder": Hörnumer und Rantumer sollen sonnabends einen Tanz veranstaltet und auch Mädchen eingeladen haben. Der Sage zufolge zog sich einmal während eines Festes der Himmel zu: Jede Menge Föhrer und Amrumer Hexen kamen auf ihren Besen angesaust! Auch sie tanzten und machten den Sylterinnen Konkurrenz. Klar, dass die Sylterinnen – unter ihnen waren auch einige Hexen – nun ihrer Tanzpartner beraubt, sauer wurden und Rache schworen. Viele Ideen hatten die rachedurstigen Sylter Hexen, schließlich setzte sich diejenige durch, die die Männer beim Hamburger Rat „des Seeraubes" anklagen wollte. Die Hexen brachten ein Fass „mit echten achtzölligen Hamburger Nägeln, auf welchen das Wappen der Stadt deutlich sichtbar ist" auf das Schiff, mit dem die Sylter Männer in See stechen wollten. Eine der Hexen hatte das Fass zuvor „am Strande gefunden". Drei der 77 Nägel hatte die Hexe schon verbraucht und befunden, dass sie zum Hexenzauber taugen. Und tatsächlich trieben die Nägel die Männer ins Unglück: Als die Männer hinausfuhren, wurden sie von Hamburger Kriegsschiffen angehalten, das Fass mit den Nägeln wurde entdeckt und sie des Diebstahls bezichtigt. Die Männer wurden festgenommen, und als dann noch eine Hexe aus Rantum, als Schiffer verkleidet, als Zeugin auftrat und behauptete, man habe ihr die Nägel gestohlen, sprach man die Fischer schuldig und köpfte sie.

Vor Schicksalen wie diesen versuchte man sich mit Kreuzen zu schützen – dabei hätten die Herren den Sylterinnen doch einfach nur treu bleiben müssen, dann hätten sie auch keine Rachegelüste gehabt.

Diese Hexenkreuze sind übrigens typisch: Das „Handwörterbuch des Deutschen Aberglaubens" verzeichnet als „Schutzmittel" gegen Hexen „Kreuze auf den Wegen, vor allem an den Türen, Kreuze an der Stalltür, der Schwelle, auf allen Gegenständen, ebenso wirken kreuzweise gelegte Gegenstände, Amulette". Auch Walter Gerlach listet in seinem „Neuen Lexikon des Aberglaubens" Möglichkeiten des Abwehrzaubers auf – oft taucht das Kreuz auf: „Zwei Äxte gekreuzt auf die Hausschwelle legen. Unabhängig vom Kreuzzeichen gelten Eisen und Stahl seit Urzeiten als magische Abwehr- und Schutzzauber gegen Dämonen." Auch „Arme und Beine vor dem Einschlafen kreuzen" könne laut Aberglauben den gewünschten Effekt bringen ebenso wie „an Haus- und Stalltür drei Kreuze mit geweihter Kohle anbringen". Und weil dem Aberglauben zufolge Kreide gut vor Dämonen aller Art schütze, habe auch das Aufmalen von Kreidekreuzen als beliebter Abwehrzauber gedient.

Ein oft gebrauchter Schutzversuch sei gewesen, einen Hollerbusch am Haus zu pflanzen, sagt Ulla Nielsen. „Der Hollerbusch war der Göttin Hel gewidmet, um sie milde zu stimmen und sie dazu zu bringen, an dem Haus vorbeizugehen." Die Göttin Hel ist in der nordischen Mythologie die Herrscherin der Unterwelt. „Hel" leitet sich von dem urgermanischen „haljö" ab, von hier aus ist's zur Hölle nicht weit.

Heute pflanzt man keine Hollerbüsche mehr, um das Böse abzuwehren. Und man setzt auch keine Kreuze mehr auf die Giebeldächer oder pflastert sie vor die Haustür. Doch heute gilt wie damals: Herren, bleibt euren Damen treu und behandelt sie gut, dann werden sie keine Rachepläne ersinnen.

Eva-Maria Bast

So geht's zum Hexenkreuz:

Das gepflasterte Hexenkreuz befindet sich vor dem Altfriesischen Haus in Keitum. Es steht am Kliff 13. Hexenkreuze auf Giebeln kann man in Keitum zum Beispiel linker Hand des Museums und am Takerwai entdecken.

06 *Altarplatte*

Ein vergessener Kirchenpatron

Man übersieht es beinah! Der Flügelalter in der Kirche St. Severin in Keitum bietet so viel, was anzuschauen sich lohnt, dass man den Altartisch nicht näher betrachtet. Dabei findet sich hier ein echtes Geheimnis: In den Altar ist eine viereckige kleine Platte eingelassen, bei der es sich um eine Art Deckel zu handeln scheint. „Das ist ein Reliquienschrein", erklärt Susanne Zingel, Pastorin von St. Severin. „Bis 1809 lag ein Kästchen darin, in dem sich Reliquien und ein Pergament befanden." Auf diesem Pergament habe gestanden, dass in dem Kästchen Reliquien des heiligen Knut liegen. Knut? Die Kirche ist doch dem heiligen Severin geweiht? „Man weiß, dass unsere Kirche schon einmal einen anderen Namen hatte", sagt Pastorin Zingel. „Nach der grooten Mandränke 1362 ging er verloren, später hat man die Kirche neu geweiht."

Knut der Heilige (1043-1086), auch bekannt als Knut IV., seit 1080 König von Dänemark, galt als Förderer der Kirche – was folgendermaßen aussah: In Kreuzzügen kämpfte er gegen das Heidentum, unterstützte den Klerus, erließ strenge Vorschriften und Regeln und führte den Zehnten ein, um den Bau von kirchlichen Einrichtungen finanzieren zu können. Genau das wurde ihm schließlich zum Verhängnis: Die Bauern wehrten sich gegen die Abgaben, und als König Knut 1086 eine Truppe zusammenstellen wollte, um gegen England zu kämpfen, kam es zu einer Meuterei: Er wurde in der Kirche von Odense ermordet. Es folgten schlechte Jahre für die Landwirtschaft – was man als Gottesstrafe betrachtete. König Knut wurde 1101 kanonisiert, also heiliggesprochen.

Und was hat es mit der Neuweihe der Kirche auf sich? Chronist Hans Kielholt schreibt, „daß der Pabst bey Ihro Königl. Mtt. durch seine Vollmächtige mit freundlicher Bitte angehalten, daß er das geistliche Regiment über alle Kirchen in eine rechte Ordnung bringen möchte, und die Kirchen einweihen (...) und jeder Kirche seinen besonderen Namen geben, welches nicht in vorigen Zeiten geschehen (...)" Der König sollte also Ordnung in das „geistliche Regiment" der Kirchen bringen und dafür sorgen, dass sie geweiht werden. Dieses Ereignis schildert Kielholt als Folge eines Kampfes zwischen Riesen und dem „König von Dännemarck", in dessen Anschluss „das gantze Land unter des

Susanne Zingel zeigt die ursprüngliche Altarplatte.

Königs Gewalt" gekommen sei. Monsignore Peter Schmidt-Eppendorf weist in seinem Buch „Memoiren einer Insel" in diesem Zusammenhang auch auf die Sylter Burgen hin, die den bei Kielholt vorkommenden Riesen – die mal als Beschützer, mal als Unterdrücker auftraten – als Festung gedient haben sollen: Archsum, Tinnum und Rantum. Die Burgen dienten „eine(r) kriegerische(n) Macht, deren Hauptkampfplatz die See war," als Rückzugsort. „Dies legt die Vermutung nahe, daß wir es bei den Burgen mit einer wikingerzeitlichen Anlage etwa aus der Zeit Godfreds oder Haralds zu tun haben, deren Machtzentrum Jütland war und die mit diesen Burgen die südwestliche Flanke ihres Reiches zu schützen suchten." Jedenfalls, schlussfolgert Schmidt-Eppendorf, könne das bedeuten, dass Sylt von einer Gewaltherrschaft besetzt war und durch den König von Dänemark befreit wurde. „Damit gibt uns die Sage eine Erklärung, warum die Sylter dem dänischen König tributpflichtig wurden." Auch die Bitte des Papstes an den König, „das geistliche Regiment in die rechte Ordnung zu bringen", sei durchaus als „historisches Faktum" zu werten, vermutet der Geistliche. Das Christentum habe es im europäischen Norden doch lange Zeit schwer gehabt, denn immer wieder sei der tief verwurzelte heidnische Glaube durchgebrochen.

Klar ist: Die Riesen gehören fest in die Sylter Sagenwelt. Die Burgen hat es auch gegeben, sie wurden von den Seefahrern als Verstecke genutzt. Auch wollten die Sylter immer unabhängig sein, egal, ob sie gerade zum dänischen Königreich gehört haben oder nicht. Sie wollten die Herrschaft der Dänen nicht anerkennen. Insofern kann in der Chronik auch gemeint sein, dass die unabhängigkeitsliebenden Sylter – die Riesen – gegen die Dänen gekämpft haben.

Pastorin Susanne Zingel spricht davon, dass die Keitumer Kirche St. Severin neu geweiht wurde. Und Schmidt-Eppendorf schreibt: „Dieser Fund", er meint das Pergament, aus dem hervorgeht, dass die Kirche Knut geweiht war, „scheint Kielholts Angaben zu bestätigen, die Kirchen haben bei ihrer Neuweihung besondere Namen bekommen, die sie vorher nicht gehabt haben." Bei der Neuweihung erhielt die Kirche den Namen, den sie heute trägt, St. Severin, und der, dem sie ursprünglich geweiht war, geriet in Vergessenheit.

Susanne Zingel findet es faszinierend, wie viel sich anhand dieser kleinen Steinplatte im Altar erzählen lässt. Und wie tief diese Geschichte in die Vergangenheit führt. Übrigens sieht man die Steinplatte nur, wenn keine Altardecke darüber liegt. Die Pastorin lässt sie ohnehin lieber weg und legt ihre Hand auf den nackten Stein. Dann spürt sie etwas von der Kraft der Jahrhunderte.

Eva-Maria Bast

So geht's zur Altarplatte:

Die Steinplatte findet sich im Altar der Kirche St. Severin. St. Severin steht in Keitum, etwas außerhalb der Ortschaft an der Munkmarscher Chaussee, und ist bereits von Weitem gut zu sehen.

Silke von Bremen zeigt auf die Steinzeichen von St. Severin in Keitum.

07

Steine von St. Severin

Sylter zwischen Glauben und Wissen

Natürlich ist Deutschlands beliebteste Ferieninsel christianisiert! Das haben Mönche aus Odense im 11. Jahrhundert erledigt. Ebenso natürlich hat das jedoch den Aberglauben nicht von Sylt vertreiben können. In einer so abgeschlossenen Welt wie der einer Insel mit in früheren Zeiten ganz und gar vom Wetter abhängigen Verbindungen zum Festland schafften sich die Menschen eigene Erklärungsmuster für das, was sie nicht verstehen konnten. So entstanden auf Sylt zahlreiche Märchen und Sagen, lebten hier neben Feen und Geistern Riesen und Zwerge, tauchten ertrunkene

Angehörige als Wiederkehrer oder „Gonger" noch einmal zu Hause auf und führten Irrlichter Wanderer in der Braderuper Heide vom Weg ab.

Dieses Spannungsfeld zwischen Glauben und Wissen ist auch in und an der Kirche St. Severin in Keitum zu spüren, und das Geheimnis strahlt sogar auf fern gelegene Kirchen jenseits von Sylt aus. Silke von Bremen ist Autorin und versierte Inselkennerin und gewinnt die Informationen, die sie auf ihren Führungen und in ihren Büchern weitergibt, durch nüchterne Recherchearbeit.

An der Südwestseite des Langhauses von St. Severin ist in gut zwei Metern Höhe in einem Eckstein ein Kreuz zu sehen. Es wirkt, als wäre es in das Mauerwerk hineingestanzt worden. Darüber befindet sich ein viereckiges Feld, das etwa die gleiche Größe hat wie das Kreuz. Doch stimmt das, was das Auge zu erkennen glaubt? Silke von Bremen kann helfen: „Auf dem Stein sind nicht zwei, sondern sogar drei Zeichen zu sehen: ein Quadrat, ein Lot und scheinbar ein Kreuz, das aber auch ein Hammer sein könnte. Die Symbole haben alle ihre Bedeutung: Der Hammer und das Lot sind die Werkzeuge des Steinmetzes, das Quadrat ist das Zeichen für Materie. Es könnte also sein, dass sich hier der Steinmetz von St. Severin verewigt hat." Dass das Lot dazu diente, mit den handgearbeiteten Steinen möglichst gerade Mauern zu errichten, ist auch für den Laien nachvollziehbar, denn durch das Lot kann man die Senkrechte deutlich wahrnehmen. Auch der Hammer ist verständlich, schließlich mussten die Steinmetze die groben Steine bearbeiten.

Bei genauem Hinsehen kann man Steinmetzzeichen erkennen – je nach Lichteinfall zwei oder drei Stück.

Aber das Quadrat als Zeichen für Materie – wird es hier mystisch? Silke von Bremen schmunzelt und erklärt: „Das Quadrat ist in der Tat ein sehr altes und magisches Symbol. Es steht mit seinen vier Ecken für die vier Elemente Feuer, Erde, Wasser und Luft." Sie erläutert weiter, dass das

Quadrat noch ein fünftes Element in sich trage: das Innere, aus dem alles andere hervorgehe. Somit würde das Quadrat als Zeichen an einer Kirche Sinn machen, denn im übertragenen Sinne stehe es für das Schaffen, das sich Verwirklichen und Vervollkommnen. Daneben gibt es auch noch die Deutung des Quadrats als etwas Göttliches: Allmacht, Allwissen, Allliebe und Allbewußtsein kann es auch symbolisieren. Mit welcher seiner Bedeutungen das Quadrat an diese Stelle gesetzt wurde, könnte wohl nur der unbekannte Baumeister von St. Severin erklären.

Ebenso unbekannt wie der Baumeister war lange das Entstehungsjahr der Kirche. Urkundlich erwähnt wird sie das erste Mal 1240, aber bei der Sanierung des Turms im Jahre 2009 hat man durch Untersuchung des Holzes im Dachstuhl festgestellt, dass die Kirche auf das Jahr 1216 datiert werden kann. „Der Baumeister soll auch Kirchen auf Pellworm, Föhr und Eiderstedt gebaut haben, die alle den gleichen Abstand zueinander haben", weiß Silke von Bremen. Und richtig – misst man die Entfernung der Kirchen voneinander nach und bedenkt, dass zur damaligen Zeit keine Luftlinien-Messung möglich war, ergibt sich ein bemerkenswert gleicher Abstand: Von St. Severin auf Sylt bis St. Johannis auf Föhr und von dort nach St. Salvatore auf Pellworm und von dort wiederum nach St. Magnus in Tating oder nach Eiderstedt sind es jeweils um die 24 Kilometer. Die Abweichungen liegen für damals im minimalen Bereich. „Von dem Baumeister heißt es, er wäre mit dem Pferd von einer Baustelle zur anderen über das Wattenmeer geritten, aber an dieser Sage stimmt nur die Tatsache, dass die Kirchen geografisch auf einer Linie liegen. Und die Erklärung könnte in dem gespaltenen Findling liegen, der als ‚Ing und Dung' in der Sagenwelt der Sylter verankert ist und den man an der Westwand des Turms sehen kann."

In der Sage, die auf der Insel nahezu jedes Kind kennt, heißt es, dass die beiden wohlhabenden Schwestern Ing und Dung in der Nähe von St. Severin lebten und traurig waren, dass die Kirche keinen Turm hatte. Sie spendeten deshalb das Geld für den Turmbau. Doch dann wurde eine düstere Prophezeiung ausgesprochen: Ein Jüngling werde eines Tages von der Glocke erschlagen und später stürze der ganze Turm zusammen und begrabe eine Jungfrau unter sich.

Im Jahre 1739 erfüllte sich jedenfalls der erste Teil der sagenhaften Prophezeiung, als der Läutejunge Sören Sörensen zu Weihnachten die

Glocke läutete und diese aus der Verankerung brach und hinabstürzte. Ob das stimmt? Silke von Bremen vermutet, dass diese Sage erst nach dem Glockenunglück entstand, um begreifen zu können, wie Gott es zulassen konnte, dass am Weihnachtstag ein Kind in der Kirche durch die Glocke zu Tode kommt. Wie auch immer, zwei auffällige Feldsteine, die mit ein wenig Phantasie die Form zweier Nonnen haben und im Turm verbaut sind, erhielten die Namen Ing und Dung. „Aber die Anordnung der Steine, die zudem nicht mittig im Turm sitzen, kann kein Zufall sein", meint Silke von Bremen, „Geomantiker gehen davon aus, dass durch die Kirche eine Strahlungslinie von West nach Ost geht, und Messungen haben gezeigt, dass die Strahlung exakt im Dreieckswinkel zwischen den beiden Steinen hindurchfließt."

Diese Strahlungslinien können von Rutengängern gefunden werden, sie überziehen mit einer Art Strahlennetz die gesamte Erdoberfläche. Und das könnte dann auch die Erklärung dafür sein, warum St. Salvator von Pellworm, St. Johannis von Nieblum und St. Magnus von Tating auf Eiderstedt mit St. Severin von Keitum nach der Theorie von Anton Benker (geb.1895) der das Benkersche Kubensystem entwickelte, alle auf einer Linie liegen. „Die Kirchen könnten dem Muster eines Strahlengitters folgen. „Aber ganz geklärt sind diese Fragen noch nicht", resümiert Silke von Bremen.

Sicher ist sich Silke von Bremen, dass der Standort der Kirche weit außerhalb der Ortschaft mit einem vorchristlichen Heiligtum zusammenhängt. Vermutlich haben die Sylter hier früher der Göttin Freya geopfert. Und um sich einer lästigen Konkurrenz zu entledigen, haben die ersten Priester mit dem Bau der Keitumer Kirche exakt an dieser Stelle den heidnischen Kultplatz aus „Heidenangst" zerstört.

Eva-Maria Bast / Wiebke Stitz

....

So geht's zu den Steinen von St. Severin:

Die Kirche steht an der Munkmarscher Chaussee. Die Steinzeichen befinden sich am Langhaus unweit des Turmes auf der Nordseite.

Susanne Zingel zündet die Kerzen für
Katharina Ercken an.

08

Kerzenleuchter

Geliebt. Enttäuscht. Getötet.

Oft denkt Pastorin Susanne Zingel an eine Frau, die seit mehr als einem Vierteljahrtausend tot ist. Jeden Sonntag werden für diese Frau Kerzen angezündet – und zwar nicht nur so, wie man gemeinhin für jemanden eine Kerze anzündet, sondern Kerzen, die in zwei ganz besonderen Leuchtern stecken. In zwei Silberleuchtern nämlich, die einst die trauernde und von schlechtem Gewissen geplagte Schwester dem Andenken der Toten stiftete. Wäre das Schicksal der Katharina Ercken nicht so schlimm gewesen und hätte der Sylter Rat nicht im Jahr 1760 ein Todesurteil gefällt, stünden die Leuchter heute nicht in der Kirche St. Severin auf dem Altar. Susanne Zingel sagt, dass kaum einer der Menschen, die jeden Sonntag den Gottesdienst besuchen, die Geschichte dieser Leuchter kennt – und auch nicht die Geschichte der Katharina Ercken.

Die wird 1727 geboren und wächst zu einer wunderschönen jungen Frau heran. Heute würde man wohl sagen, sie war ein Männerschwarm. Manch einen lässt sie abblitzen, denn „das Mädchen wußte diese (die Liebe) wie einen Schatz zu bewahren, bis zu jenem unseligen Tage, von dem sie glaubte, er habe ihr mit einem geliebten Manne auch

Dieser Kerzenleuchter hat eine ganz besondere Geschichte – und eine besondere Botschaft.

das Glück gebracht“, ist in den „Memoiren einer Insel“ von Peter Schmidt-Eppendorf nachzulesen. Er hat die Geschichte im Landesarchiv in alten Akten recherchiert und aufgeschrieben. Weiter heißt es hier: „Ihm öffnete sie in grenzenloser Liebe ihr Herz und ihren Schoß und mußte in unsagbarem Schmerz erfahren, daß der Geliebte ohne Gruß und Dank davonging.“ Man kann sich den Fortgang der Geschichte denken: Katharina ist schwanger geworden, was eine Schande für ihre Familie bedeutet. Der Vater ist inzwischen verstorben, die Mutter würde vielleicht noch zu ihr halten, aber die Geschwister stellen sich gegen sie. Nachdem Katharina Zwillingsjungen geboren hat, wird sie von den Geschwistern verjagt. „Einen der beiden Jungen nahm die Mutter allerdings bei sich auf, das andere Kind blieb bei Katharina“, erzählt Susanne Zingel.

Katharina Ercken muss den Lebensunterhalt verdienen, für sich und das Kind, das bei ihr lebt – sie geht erst nach Ballum, dann nach Hamburg in die Palmaille. „Es drangen immer mehr böse Gerüchte über Katharina von Hamburg nach Sylt“, sagt die Pastorin. „Die Matrosen brachten ihre Wäsche zu ihr, wenn sie mit den Schiffen im Hafen lagen.

Und natürlich dauerte es nicht lange, bis man ihr nachsagte, sie gehe einem heimlichen Gewerbe nach." Aufgefallen ist Susanne Zingel, dass in allen Aufschrieben über Katharina Ercken von dem Kind, das bei ihr lebte, keine Rede mehr ist. „Ob es gestorben ist oder was mit ihm geschah – ich weiß es nicht", sagt sie.

Wäre Katharina doch nur in Hamburg geblieben – dann hätte ihr ohnehin schon so trauriges Leben nicht noch jene dramatische Wendung genommen, die es durch ihre Rückkehr nach Sylt bekommt: Eines Tages erhält sie einen Brief von ihrer Tante. „Die schreibt, dass sie kommen und sie bis zu ihrem Tod pflegen soll, dafür würde sie ihr Haus erben. Katharina eilt zu ihr", erzählt die Pastorin. „Doch sie kommt zu spät: Ihre Schwester ist schon da und erklärt ihr, es handle sich um *ihr* Haus. Und die Tante hatte sich inzwischen umentschieden oder war verstorben, da gibt es unterschiedliche Varianten." Wieder einmal steht Katharina Ercken ganz alleine da und ohne ein Dach über dem Kopf. „Sie hat dann noch einmal versucht, Einlass bei ihrer Familie zu finden, doch die Geschwister haben sie wieder davongejagt", erzählt Susanne Zingel. Und so kommt die arme Katharina nach Keitum. „Sie arbeitet hier als Wäscherin und als Näherin und ertränkt ihren Kummer in Alkohol." Doch dann: Ein Lichtstrahl in Katharina Erckens Leben – er kommt in Gestalt des Müllers Haike Hansen. Nur leider ist der mit der Müllerin Kressen Haiken verheiratet. Eines Tages kommt die Müllerin, um Katharina Wäsche zu bringen. Sie bietet ihr Tee und Zuckergebäck an, wenig später wird Kressen Haiken sehr krank und stirbt. Der Landvogt wittert ein Verbrechen, lässt die Beerdigung verschieben und die Leiche obduzieren. Das Ergebnis: Kressen Haiken wurde vergiftet. Mit Arsen.

Es dauert nicht lange, bis Katharina Ercken in Verdacht gerät, zumal bei ihr eine Zuckerdose mit untergemischtem Rattengift gefunden wird. Katharina muss ins Gefängnis, „sie haben die 29-Jährige nach Tondern in den Keller des Pforthauses gebracht, in ein echtes Loch. Vier Jahre musste sie dort ausharren – und sie blieb immer bei ihrer Aussage, dass sie unschuldig ist", fährt Susanne Zingel fort. Katharina wird zu peinlichen Verhören abgeholt – das heißt zu Folter – aber sie bleibt stur. Auch Gespräche mit Geistlichen, die an sie appellieren, sie solle doch ihr Gewissen erleichtern, helfen nichts. „Doch sie musste sich die Zelle mit einer Kindsmörderin teilen. Und die war geständig und hat in der Nacht vor ihrer Hinrichtung so mit dem von ihr begangenen Verbrechen gehadert, dass Katharina sich entschloss, ebenfalls zu gestehen", sagt die Pastorin.

Vor dem Sylter Kriminalgericht legt sie ein Geständnis ab – und sie beschuldigt den Gatten der Müllerin der Beihilfe. Sofort wird der Befehl erteilt, den Müller zu verhaften, doch der ist inzwischen geflohen. Der Rat beschließt, wie aus den Prozessakten hervorgeht: „(...) daß die Inquisitin Cathrina Ercken zur wohlverdienten Straffe und andern zum Exempel zur Gerichtstätte geschleifet, der Kopf mit dem Schwerdt durch des Scharfrichters Hand von dem Leibe getrennet, und demnächst auf

„Sie haben die 29-Jährige nach Tondern in den Keller des Pforthauses gebracht, in ein echtes Loch. Vier Jahre musste sie dort ausharren – und sie blieb immer bei ihrer Aussage, dass sie unschuldig ist."

dem Pfahl gehefftet, der Leib aber unter dem Galgen eingescharret werden solle."

Geplant ist zunächst, Katharina Ercken auf Sylt hinzurichten. Daraus wird jedoch nichts, denn der Landvogt ist damit nicht einverstanden. Die Gefangene, so der Landvogt, sei zu schwach, um nach Sylt zu kommen. Bei Schmidt-Eppendorf heißt es auch, dass der Landvogt argumentiert, man könne es „den Sylter Seefahrern nur schwerlich zumuten, bei der Hinrichtung ‚den Kreis zu schlagen.'" Denn nach dem Brauch musste „eine Anzahl vom Ding eigens berufener Männer in engem Kreise die Gerichtsstätte säumen, sei es zum Zeugnis der öffentlichen Hinrichtung, sei es zur Abwehr zudringlicher oder aufgebrachter Mitmenschen". Also wird Katharina Ercken 1760 in Tondern hingerichtet. Ihre Geschwister, die sie einst als Hure verstoßen hatten, wünschen sich nun, wo sie einen Mord gestanden hat, ein christliches Begräbnis – ein Wunsch, der ihnen verwehrt wird.

„Und dann kam ihre Schwester, die ihr einst das Haus weggenommen hatte, und stiftete ihr zu Ehren diese Leuchter an St. Severin", sagt Susanne Zingel. Diese Stiftung findet 1762, zwei Jahre nach der Hinrichtung, statt. „Hätte sie Katharina nicht vor die Tür gesetzt, hätte diese all das Elend nicht erleiden müssen", kommentiert Susanne

Zingel. Ob Katharina wirklich schuldig war oder einfach nicht mehr konnte und deshalb nach vier Jahren der Gefangenschaft gestand? Die Fakten sprechen schon für eine Schuld, Susanne Zingel hält das jedoch für keinesfalls gesichert. Wichtig ist für sie aber vor allem eins: dass da ein junger Mensch war, der liebte und wegen dieser Liebe verstoßen wurde. Eine Frau, die sich durch ein schlimmes Leben quälte und immer wieder zurückgewiesen wurde. Die letztendlich wieder die Liebe fand – und dann, wenn es stimmt, was Katharina Ercken vor Gericht aussagte, von dem Mann, den sie liebte, beauftragt wurde, einen Mord zu begehen, um endlich ihr Glück zu finden.

Das rechtfertigt keinen Mord. Natürlich nicht. Aber die Kerzen, die jeden Sonntag in St. Severin brennen, schicken eine stumme Botschaft in das Gotteshaus: Man trägt durch sein Handeln auch für seine Mitmenschen ein Stück weit Verantwortung. Und tut besser daran, zweimal zu überlegen, bevor man eine Tür endgültig zuschlägt. Denn manchmal, wie im Fall der hingerichteten Katharina Ercken, lässt sich eine geschlossene Tür nicht mehr öffnen. Nie mehr.

Eva-Maria Bast

....

So geht's zu den Kerzenleuchtern:

Sie stehen sonntags bei den Gottesdiensten auf dem Altar in der Kirche St. Severin. Diese befindet sich an der Munkmarscher Chaussee.

09

Krähenbeere

Kulinarisches Highlight in den Dünen

„Wenn die Menschen sehen, wie ich mir eine Krähenbeere in den Mund stecke, denken sie, gleich falle ich tot um!", lacht Birgit Damer. Die gebürtige Berlinerin lebt schon lange auf Sylt und hat eine große Leidenschaft fürs Essen und Trinken. Deshalb weiß sie: „Aus der Krähenbeere lassen sich tolle Sachen herstellen: Marmelade und Gelee, Gin und eine besondere Form der Sylter Roten Grütze, die Sölring Ruarbrii", erzählt die vielfach ausgezeichnete Hobbyköchin.

Wenn die Zuschauer sich über die Beerenlust von Birgit Damer wundern, dann steht diese irgendwo auf Sylt in den Dünen an einem Krähenbeerenfeld. Sorgsam erntet sie die Früchte, ohne das Gebiet wirklich zu betreten. Die Krähenbeeren dienen dem Küstenschutz, bewahren ihre langen Wurzeln doch den sandigen Boden vor dem Verwehen durch den Wind. Krähenbeeren wachsen überall dort, wo es von Natur aus keinen Wald gibt und die Böden sauer sind. Auf der Insel finden sie dafür ideale Bedingungen, und so sind ihre Farbigkeit und ihr Geruch typisch für Sylt: Wer die Augen schließt, kann die Landschaft aus Krähenbeeren noch stärker riechen und erkennt am Heideduft, dass er sich in den Sylter Dünen befindet. Dort scheinen sich die Krähenbeeren in ihren unterschiedlichen Farben von bernsteingold bis tiefbraun wie große Teppiche ausgebreitet zu haben. Tat-

„Da liegt es doch auf der Hand, daraus Alkohol zu machen!"

sächlich sind es aber die Vögel, die für die Verbreitung der Krähenbeere sorgen. Die dicken, schwarzen Früchte werden von Möwen liebend gerne verspeist und durch die Luft getragen. Aufgrund ihrer abführenden Wirkung landen die verdauten Krähenbeeren dann als lila Kleckse samt Samen wieder am Boden und breiten sich aus.

Die Zweige der Krähenbeere sehen aus wie kleine, grüne Flaschenbürsten und fühlen sich auch borstig an. Da die Pflanze bis zu

Vorsichtig pflückt Birgit Damer die Krähenbeeren von den Wegen aus. Die meisten Flächen stehen unter Naturschutz und dürfen nicht betreten werden.

Typisch Sylt: Krähenbeerenfelder in den Dünen.

60 Zentimeter hoch werden kann, nutzten die Sylter früher die langen Stängel, um daraus kleine Handfeger und Besen zu binden. „Ich sammle heute die Krähenbeeren überall auf Sylt", erzählt Birgit Damer. „Die besten finde ich aber in List in dem Tal auf dem Weg zur Strandsauna." Verarbeitet haben die Sylter die Krähenbeere auch früher schon, vor allem die Seeleute nahmen den Saft mit auf ihre langen Schiffsreisen, denn aufgrund des hohen Vitamin-C-Gehalts sollte er sie vor Skorbut schützen. Krähenbeeren schmecken säuerlich und leicht bitter, manchmal wirken sie auch berauschend und Schwindel erregend. „Da liegt es doch auf der Hand, daraus auch Alkohol zu machen!", lacht Birgit Damer und erzählt, dass sie aus den Früchten einen ganz besonderen Gin zubereitet. Doch die Krähenbeeren wurden auf Sylt nicht nur zum Essen und zur Herstellung von Besen genutzt. Man setzte sie auch als Färbemittel ein. Wolle, die mit ausgekochten Stielen der Krähenbeere gefärbt wird, bekommt eine bernsteingoldene Farbe.

„Erstaunlich, dass die meisten Menschen an den Krähenbeeren achtlos vorüberlaufen", wundert sich Birgit Damer. Sie freut sich jetzt schon wieder auf die Erntezeit, wenn sie Beeren sammelt, um daraus schmackhafte und außergewöhnliche Speisen herzustellen.

Wiebke Stitz

So geht's zu den Krähenbeeren:

Krähenbeeren wachsen fast überall auf Sylt in den Dünen. Die besten sind in List auf dem Weg zur Strandsauna am Weststrand zu finden. Der Ausschilderung Weststrand folgen, dann auf dem Parkplatz der Strandsauna den Sandweg in die Dünen nehmen.

Der Gedenkstein für Rudolf Neuber bei der Wanderdüne.

Rudolf Neuber Huk

Wandernde Dünen und begrabene Dörfer

Die Dünenlandschaft zwischen List und Kampen ist beeindruckend. Fährt man über die lange, gerade Straße, fühlt man sich, zumindest in Zeiten, in denen sich nicht allzu viele Touristen auf der Insel befinden, als wäre man ganz allein auf der Welt – oder auf dem Mond, denn die Landschaft hier ähnelt einer Mondlandschaft. Wenn hinten keiner drängelt, kann man auch mal den Fuß vom Gas nehmen, langsam fahren und die unendliche Weite auf sich wirken lassen. Und plötzlich streift das Auge etwas, das hier nicht hingehört, das untypisch ist: ein großer Stein direkt neben der Straße am Fuße der Wanderdüne. Kann das sein? Ja, dort steht wirklich ein Stein, und es ist auch etwas darauf geschrieben: *Rudolf Neuber Huk.* „Huk" bedeutet auf Sölring so viel wie Ecke. Also ist das hier das Rudolf Neuber Eck. Warum? Wer war Rudolf Neuber? Weiterhelfen kann Sven Lappoehn, Geschäftsführer des Sylter Heimatvereins Söl'ring Foriining: „Rudolf Neuber war von 1974 bis 1978 Bürgermeister in List. Er hat sich damals nach dem Bau der Straße von Kampen nach List für die Bepflanzung des Randbereichs der Wanderdüne eingesetzt", erklärt er. Dadurch wurde die sich der Straße nähernde Düne befestigt – wäre das nicht geschehen, es hätte möglicherweise nicht lange gedauert, bis auf der neu gebauten Straße Sand wandert, statt dass Autos fahren. Denn die Wanderdüne bewegt sich durch den Wind getrieben von West nach Ost. „Niels Diedrichsen in List hat sich damals dafür stark gemacht, dass daran erinnert wird, und dafür

„Die Wanderdüne kam der Straße Westerland-List bedenklich nahe. Den Gedenkstein haben wir zum 80. Geburtstag von Rudolf Neuber aufgestellt."

gesorgt, dass ein Stein zum Gedenken an Rudolf Neuber aufgestellt wird", erzählt Lappoehn. Eine Nachfrage bei Niels Diedrichsen und man erfährt mehr. „Das war eine Heldentat", kommentiert er augenzwinkernd. „Die Wanderdüne kam der Straße Westerland-List bedenklich nahe. Den Gedenkstein haben wir zum 80. Geburtstag von Rudolf Neuber aufgestellt." Er hätte nicht besser platziert sein können als im Fuß der festgelegten Wanderdüne, die sich imposant neben der Straße erhebt. Sie bewegt sich mehrere Meter pro Jahr – wie viele, dazu gibt es unterschiedliche Angaben, bis zu sieben Metern, heißt es. Die Dünen stehen unter Naturschutz und sind eine Besonderheit: die letzten Wanderdünen Deutschlands! Bis Ende des 19. Jahrhunderts waren Wanderdünen auf Sylt aber normal, es gab sie nicht nur im Listland, das ist das Gebiet zwischen Vogelkoje und Ellenbogen, sondern zum Beispiel auch in Rantum.

Was romantisch klingt und ohne Zweifel schön aussieht, brachte für die Menschen aber vor allem eines: Ärger und riesige Probleme, denn die Dünen fragten natürlich nicht erst, bevor sie zu wandern begannen. Sie übersandeten die Felder der Bauern, und Hausbesitzer kamen in Bedrängnis, wenn die Wanderdüne sich immer weiter auf ihr Gebäude zubewegte. Die Vorfahren der Listlandbewohner haben besonders leidvolle Erfahrungen mit diesen Dünen gemacht: Die ursprüngliche Siedlung Alt-List ist untergegangen! Zeitlich lässt sich dieses Ereignis grob einordnen: M. Bartels schreibt in einem Aufsatz über die Wanderdünen: „Der Überwanderung des Dorfes List kam 1362 eine Sturmflut zuvor. Anfang des 20. Jahrhunderts wurden westlich des heutigen List der Grundriss eines Hauses und mehrere Muschelabfallhaufen freigelegt, die dem zunächst in der Sturmflut untergegangenen und später von Flugsand verschütteten alten List zugeordnet wurden." Und nicht nur List ging unter: Die Geschichte der Dünenbepflanzung, wie sie Rudolf Neuber in den 1970er-Jahren fortsetzte, beginnt weit in der Vergangenheit und ist im „Fachplan Küstenschutz Sylt / Biotechnischer Küstenschutz" akribisch aufgearbeitet. Das mehr als 40 Seiten umfassende Werk liest sich fast wie ein historischer Roman. Und auch die Gefahr des Sandes ist hier beschrieben: „So begrub der Flugsand Alt-Rantum und Alt-List unter sich. Es entstanden die Dörfer Neu-Rantum, Neu-Archsum, Westerland, Neu-Wenningstedt, Neu-Kampen und Neu-List." Erstmals habe man im 16. Jahrhundert Versuche unternommen, Strandroggen zu säen, ist dort nachzulesen. „Den ersten Versuchen des Dünenschutzes folgten fast zwei Jahrhunderte keine weiteren Versuche", zumindest gebe es keine Aufzeichnungen.

Wunderschön: die Dünen-landschaft im Listland.

Um die Dünenarbeiten, die seit Anfang des 18. Jahrhunderts in staatlicher Hand waren, zu überwachen, habe man einen Düneninspektor eingesetzt, der erste bekannte sei L.P. Hahn gewesen, „ihm folgte von März 1747 bis 1788 M. Matthießen, unter dem die Dünenverwehung wieder zunahm". Erst mit den Inspektoren ab 1788 seien die Dünenschutzarbeiten wieder sorgfältig durchgeführt worden. Als „Hauptziele" so der Küstenschutzplan, sei es nötig, das „Vordringen der

Dünen in gezielte Bahnen zu lenken" sowie „die Festlegung von Wanderdünen voranzutreiben".

Die Bepflanzung der Dünen brachte noch einen zweiten Vorteil außer dem, sie am Wandern zu hindern: Die Sylter verwendeten den Strandhafer und den Strandroggen, um Seile daraus herzustellen. „Jedes Dorf nutzte seinen Teil an den mit Halm bewachsenen Dünen als Weideland oder zum Abmähen für die Winterfütterung", steht im Küstenschutzplan. Und: „Der bekannte Sylter Chronist C.P. Hansen (1803-1879) berichtete, dass die Rantumer den Halm aus den Hörnumer Dünen zum Eindecken der Dächer und zur Feuerung verwendeten." Im 18. Jahrhundert sei dann „das wirksamere Pflanzen von Halmen eingeführt" worden.

Die Bauern, die nachweislich seit 1608 als Erbfestebauern in List wirtschafteten, hatten ein großes Eigeninteresse an der Bepflanzung der Dünen. Nur so war es irgendwann möglich, Schafe zu halten und die Eier von Möwen sowie anderen Seevögeln zu sammeln, die zu Tausenden ihr Brutgeschäft im Listland verrichteten. Beides sicherte den Insulanern das Leben. Die Schafe beförderten mit ihrem Dung den Pflanzenwuchs und lieferten zudem Fleisch, Wolle und Felle.

Die Sylter halten sich an die Naturschutzrichtlinien – und inzwischen auch die meisten Touristen. Die sind zwar gern in den Dünen, aber auf den dafür vorgesehenen Wegen unterwegs.

Die Einheimischen schätzen ihre Dünen ebenso wie die Gäste, wenn auch unter ganz anderen Bedingungen. In der Festschrift zum 700-jährigen Jubiläum von List auf Sylt ist zumindest zu lesen: „Ein Erlebnis besonderer Art aber wird diese Landschaft erst bei frischer, kräftiger Brise, wenn der Sturm dir den Sand um die Beine peitscht, wenn die Sandkörner zwischen deinen Zähnen knirschen und du die Augen kaum noch öffnen kannst. Das ist wie Sandsturm in der Wüste."

Eva-Maria Bast

....

So geht's zum Rudolf Neuber Huk:

Von List in Richtung Kampen fahren. Der Stein steht auf Höhe der Wanderdüne rechts neben der Straße im Dünenfuß.

Das Zipfelschild am Lister Ellenbogen markiert den nördlichsten Punkt der Republik.

11

Zipfelschild

List: der nördlichste Ort Deutschlands

Michael Stitz, Leiter des Medienhauses Sylt, steht in List am Strand und zeigt schmunzelnd auf ein Holzschild. Als Journalist ist er es gewohnt, den Tatsachen auf den Grund zu gehen. So auch der Frage, was es mit diesem Schild auf sich hat: „Was viele Sylt-Besucher gar nicht wissen, ist, dass die Insel quasi einen Zipfel hat", sagt der Chef der „Sylter Rundschau", die nicht nur auf der Insel, sondern in der ganzen Bundesrepublik auf vielen Frühstückstischen liegt, damit sich echte Sylt-Fans das ganze Jahr über Nachrichten von ihrer Lieblingsinsel freuen können.

*Michael Stitz, Leiter des sh:z-
medienhauses Sylt, zeigt den
nördlichsten Punkt der Republik.*

Das Hinweisschild steckt tief im Sand des Lister Ellenbogens. Hier steht zu lesen: *Herzlich willkommen am nördlichsten Punkt Deutschlands mit 55° 3'30 Nord 08° 24'55 Ost.* „Unsere Bundesrepublik hat eine Gesamtfläche von über 350.000 Quadratkilometern und wird durch den westlichsten, östlichsten, südlichsten und eben nördlichsten Punkt begrenzt", erklärt der Medienmann. „Und der nördlichste liegt auf Sylt."

Wie durch einen Blick auf die Landkarte oder bei einem Besuch am Lister Ellenbogen unschwer zu sehen ist, geht es von hier aus Richtung Norden nur übers Wasser weiter. Das Land, das sich am Horizont schemenhaft abzeichnet und bei dem die Fähre anlegen wird, die gerade den Lister Hafen verlässt, ist Dänemark. Auch Sylt war in seiner wechselvollen Geschichte Teil des dänischen Königreiches (siehe Geheimnis 48).

Erst eine Volksabstimmung brachte ein klares Votum für die Zugehörigkeit zum Deutschen Reich. Noch heute gibt es auf Sylt dänische Kindergärten, Schulen und Gemeinden. Manche Familien sprechen zuhause dänisch und ihre Kinder wachsen auf der Insel in einem dänisch-geprägten Umfeld auf.

Um 1860 herum wollten die Dänen endgültig die Frage nach der Zugehörigkeit des Herzogtums Schleswigs zum dänischen Königreich lösen und verabschiedeten kurzerhand ein Grundgesetz, das sowohl für Dänemark als auch für das umstrittene Herzogtum Schleswig galt. Weder Preußen noch Österreich wollten das zulassen, und so kam es 1864 zum Deutsch-Dänischen Krieg. Nachdem die Dänen diesen verloren hatten, fiel Sylt an Preußen und wurde in die Provinz Schleswig-Holstein eingegliedert.

Nach der Niederlage Deutschlands im Ersten Weltkrieg durften die Sylter dann selbst entscheiden, wozu sie gehören wollten:

Deutschland oder Dänemark, flapsig gesagt: Bratwurst oder Hot Dog. In der Volksabstimmung am 14. März 1920 entschieden sich fast 80 Prozent der Insulaner für die weitere Zugehörigkeit zum damaligen Deutschen Reich. Schwierig wurde es jetzt mit der Anreise nach Sylt über den Hafen Hoyer, der zusammen mit Tondern an Dänemark gefallen war. Die deutschen Gäste, die nach Sylt kommen wollten, mussten erst umständlich mit einem Visum nach Dänemark einreisen, um es dann wieder in Richtung der deutschen Insel Sylt zu verlassen. 1927 wurde nach vierjähriger

„Was viele Sylt-Besucher gar nicht wissen, ist, dass die Insel quasi einen Zipfel hat."

Bauzeit der im Volksmund so genannte Hindenburgdamm eröffnet, der Sylt mit dem deutschen Festland verbindet. Der Hindenburgdamm löste das Anreiseproblem nach Sylt nicht nur auf der politischen Ebene.

List ist seit 1920 die nördlichste Gemeinde Deutschlands und damit der nördlichste Punkt der Republik. „Weil Punkt aber ein so wenig emotionaler Begriff ist", mutmaßt Michael Stitz, „wurde er kurzerhand durch ‚Zipfel' ersetzt."

So macht List seit 1999 seine Punktlandung in Sachen Randlage zu einer sympathischen Eigenschaft. Außerdem gibt es nicht nur im Norden Sylts ein Zipfeldasein. Ein Zipfel kommt selten allein, und wo es einen nördlichsten Punkt gibt, können der östlichste, südlichste und westlichste nicht weit sein. Wobei „nicht weit" doch recht doppeldeutig ist: Der südlichste Zipfel, Oberstdorf in den Allgäuer Alpen, ist immerhin 1000 Kilometer Luftlinie von List auf Sylt entfernt, Görlitz an der Lausitzer Neiße als östlichster Punkt und Selfkant im Regierungsbezirk Köln – sicher die unbekannteste Gemeinde im Reigen der vier – um die 700 beziehungsweise 500 Kilometer entfernt. Aber wir wären nicht im Land des gelebten Vereinswesens, wenn sich aus vier Zipfeln nicht ein Zusammenschluss machen ließe. Naheliegend ist: „Als die Bundesbürger zum zehnten Mal die Vereinigung von Ost und West am Tag der Deutschen Einheit feierten, einten sich auch die Zipfelorte und gründeten den Zipfelbund", erklärt Michael Stitz.

Besiegelt wurde dieser Bund mit dem Zipfelpakt. Die Oberhäupter der vier Gemeinden reisen seitdem gerne quer durch die Republik, um ihr regelmäßiges „Zipfeltreffen" abzuhalten. Dann wird zusammen geplant, wie die Zipfellage marketingtechnisch zu einem echten Vorteil genutzt und die Öffentlichkeit mit Neuigkeiten aus den Zipfelorten auf dem Laufenden gehalten werden kann. Ausgebrütet haben die vier Oberzipfel, dass derjenige, der alle vier Zipfelorte besucht, dafür den Zipfelpass erhält und ihm eine Belohnung zusteht. Schließlich hat er, wenn er eine Autotour von Zipfel zu Zipfel macht, rund 3000 Kilometer zurückgelegt und 28 Stunden im Auto gesessen, wobei Staus und die Wartezeit an der Lister Mautstelle, der Sylt-Fähre oder dem Autozug nicht eingerechnet sind. Zu Fuß wäre der Zipfelfan 24 Tage und Nächte auf seiner Zipfelrundwanderung unterwegs. Damit der Zipfelpilger sein Ziel auch als solches erkennt, markieren Schilder den jeweiligen Punkt, wo Deutschland nach Norden, Osten, Süden oder Westen zu Ende ist. So wie eben auch in List, dem nördlichsten Punkt der Republik.

Wiebke Stitz

....

So geht's zum Zipfelschild:

Das Zipfelschild steht am Strand des Lister Ellenbogens. Die Straße nach List nehmen, Richtung Ellenbogen abbiegen und die Mautstraße benutzen. Auf der Höhe des zweiten Parkplatzes links durch den Dünenübergang an den Strand gehen und dann nach rechts wandern. Dort, wo die Figuren aus angeschwemmtem Müll stehen, ist auch das Schild zu finden.

Bine Pöhner präsentiert: Lister Kanaldeckel
mit Wal und Kompass.

12

Kanaldeckel

Walfang, Witwen und ein Witwer

B ine Pöhner geht gern mit wachsamen Augen über die Insel.
Denn dabei, das hat sie schon häufig festgestellt, lassen sich
die interessantesten Dinge entdecken. Häufig ist sie in List
unterwegs, wo sie in der einzigen deutschen Austernauf-
zucht arbeitet. Und gerade am Hafen fühlt sie sich besonders wohl,
zumal es hier viel zu entdecken gibt. So sind ihr auch die Kanaldeckel
aufgefallen, die allesamt einen Wal zeigen. „Wie hübsch", findet Bine
Pöhner. „Und wie geschichtsträchtig!" Schließlich hat der Walfang auf
Sylt im 17. und 18. Jahrhundert eine große Rolle gespielt. „Der Wal ist

auch Teil des Lister Wappens. Und genau das ist hier auf dem Kanaldeckel abgebildet", verrät die Listerin.

Niels Diedrichsen weiß viel über die Entstehung des Wappens, das sei nach dem Zweiten Weltkrieg eingeführt worden, erzählt er, als sein Vater Peter Diedrichsen (1892-1965) Bürgermeister war. In jener Zeit sei die Frage nach einem Wappen für List aufgekommen, zuvor habe es keines gegeben. Beauftragt wurde der Künstler Albert Aereboe (1889-1970), der einen Wettbewerb für sich entschied. Er schuf das Wappen, das neben einem Walfisch einen silbernen Kompass zeigt, dessen Nadel auf den Kopf des Walfisches deutet. Wie die Gemeinde auf Nachfrage mitteilt, habe Aereboe sich in Erinnerung an die Zeit, in der viele Sylter kommerziellen Walfang betrieben, für dieses Motiv entschieden. „Das Wappen ist der Gemeinde List durch die Landesregierung Schleswig-Holstein am 31. August 1948 verliehen worden", ist in einem Schreiben der Gemeinde zu lesen.

Vor allem im 17. und 18. Jahrhundert bekam der Walfang eine große Bedeutung. Sylter Männer zogen aus, ebenso wie Männer aus ganz Norddeutschland, um vor Grönland Wale zu fangen. Diese „Grönlandfahrt" brachte zwar ziemlichen Wohlstand auf die Insel, zumal aus dem Speck der Wale Tran hergestellt wurde, der als Beleuchtungsmittel sehr beliebt war, bis im 19. Jahrhundert Petroleum auf den Markt kam. Und die Walknochen konnte man für Knöpfe oder Kämme verwenden. Doch die Fahrten hatten auch zwei entscheidende Nachteile: Zum einen befanden sich die Männer vom Frühjahr bis zum Herbst auf dem Meer und die Frauen mussten sich zu Hause allein um alles kümmern. Zum anderen waren die Walfänge sehr riskant – mancher Sylter kehrte nicht wieder heim: Nicht selten geschah es, dass die Schiffe vom Eis eingeschlossen und erdrückt wurden oder die

Auf dem Lister Kanaldeckel ist das Wappen der Gemeinde abgebildet.

Männer ertranken, wenn das Boot kenterte. „In der ersten Hälfte des 19. Jahrhunderts haben bereits 600 derselben ihr Grab im Meere oder in der Fremde gefunden", schrieb Chronist C.P. Hansen.

Und so funktionierte die Jagd im Eismeer: Die Walfänger stiegen vor Ort in kleinere Boote um. Wenn sie einen Wal entdeckten, schleuderten sie ihm ihre Harpune entgegen. Der Wal, von ihr getroffen, tauchte unter, um dann, beim erneuten Auftauchen, mit Lanzen getötet zu werden. Anschließend wurde er zerlegt. Auf Sylt ist der Walfang seit 1637 nachgewiesen. Die Sylter Rundschau schreibt: „Im Jahr 1782 wurden über 150 Schiffe von Sylter Kapitänen befehligt, und dies angesichts einer Einwohnerzahl von nur 1800 Menschen."

„Der Wal ist auch Teil des Lister Wappens. Und genau das ist hier auf dem Kanaldeckel abgebildet."

Ab Beginn des 19. Jahrhunderts gab es vor Grönland immer weniger Wale, da lohnten sich die Fangfahrten nicht mehr. Die Sylter fuhren von nun an auf Handelsschiffen in die Ostsee, nach Westindien und ins Mittelmeer.

Und wer war Albert Aereboe? Ja, genau so einer, der mit dem Fremdenverkehr auf die Insel kam, weil er sie schön fand, und der einmal über sie sagte: „Wenn ich Jahrzehnte auf Sylt gelebt habe, dann ist es die unvergleichliche Meeresnatur dieser Insel gewesen, die mich bannte und immer wieder aufs Neue inspirierte." Aereboe stammte aus Lübeck. Dort wurde er 1889 geboren, dort starb er 1970. Seine künstlerische Begabung erkannte Albert Aereboe früh. Zunächst ließ er sich zum Kirchendekorationsmaler ausbilden, es folgte der Besuch der Kunstgewerbeschulen in Lübeck und Berlin, dann wechselte er an die Akademie der Bildenden Künste in München. Im Ersten Weltkrieg musste er ins Feld, danach arbeitete er ab 1918 in Lübeck als Künstler. Nur ein Jahr später wurde er an die Staatliche Kunstgewerbeschule in Kassel berufen, an der er bis 1926 lehrte, 1923 war ihm der Professorentitel verliehen worden. 1925 kam er nach Sylt und zog dort mit seiner Frau in ein Häuschen in List. Doch den beiden war kein Glück auf der Insel beschieden, Albert Aereboe wurde bald Witwer und soll recht zurückgezogen in seinem Atelierhaus gelebt haben und nicht müde geworden sein, die Dünen zu malen. Gelegentlich machte er einen Ausflug nach Berlin, wo er eine Zweitwohnung besaß.

Als Aereboe das Wappen entwarf, lebte er schon lange nicht mehr in List, sondern in Kampen, und 1939 zog er nach Berlin, floh jedoch vier Jahre später vor dem Bombenhagel zurück nach Sylt. Diesmal ließ sich Aereboe aber nicht in List, sondern in Kampen nieder, wo die Schwester seiner Frau lebte. Nach Kriegsende eröffnete er hier eine private Malschule.

Nachdem der Lister Gemeinderat sich für seinen Entwurf des Lister Wappens entschieden hatte, lebte er noch mehr als zehn Jahre auf der Insel, 1959 siedelte er nach Lübeck über. Der Abschied muss sehr herzlich gewesen sein. Die Sylter Rundschau schreibt: „Zahlreiche Besucher strömen am 23. April 1959 in den Kampener Gasthof ‚Rotes Kliff‘, wohin die Gemeinde zu einem Festabend geladen hat. Im Mittelpunkt: Albert Aereboe, der nun zum Ehrenbürger ernannt wird." Doch auch wenn er wegzog: Seine letzte Ruhe fand er auf dem Friedhof in Wenningstedt. So hat er es sich gewünscht.

Bine Pöhner hat also recht, wenn sie mit wachsamen Augen über die Insel geht. Denn wer hätte gedacht, welch spannende Geschichte hinter einem Kanaldeckel stecken kann? Dass es auf Sylt auch spannende – schaurige, gruselige – Geschichten gibt, die unter einem Kanaldeckel stecken, erzählen wir ab Seite 176.

Eva-Maria Bast

So geht's zu den Kanaldeckeln:

Sie befinden sich überall in List, besonders zahlreich kann man sie auf dem Hafengelände entdecken.

Hoteldirektor Gordon Debus, selbst begeisterter Segelflieger, ist beeindruckt von der Lebensgeschichte des Flugpioniers Wolfgang von Gronau.

13

Flieger-Grabstein
Gelebte Visionen: die Weltumrundung

ordon Debus ist nur ein wenig älter als der Held seines Geheimnisses zur Zeit seiner großen Tat. Der elegante Westfale, heute selbst begeisterter Gleitsegelflieger im Sauerland, ist seit 2011 Direktor des A-Rosa Resorts in List und lebt dort konsequent seine Visionen einer ausgezeichneten Gastgeberschaft. „Das Leben und Umsetzen von Visionen verbinden den Flugpionier Wolfgang von Gronau und mich vielleicht miteinander", lacht er, „doch die eigentliche Beziehung besteht darin, dass der Enkel des tollkühnen Fliegers regelmäßig zu Gast bei uns im Hotel ist. Er selbst hat mir zum ersten Mal von der Geschichte und dem Grabmal seines legendären Großvaters erzählt." Gordon Debus steht auf dem Lister Dünenfriedhof direkt neben dem auffälligen Grabstein. *Unserem Ehrenbürger Wolfgang von Gronau Generalmajor der Luftwaffe a.D. Pionier der Weltluftfahrt*, steht dort zu lesen, geschmückt mit einem Lorbeerkranz, durch den ein Adler fliegt, und der die Inschrift *Alle Adler* trägt.

Der imposante Grabstein wird von vielen Flug-Enthusiasten besucht.

Am 25. Februar 1893 wird Wolfgang von Gronau in der Reichshauptstadt geboren. Schon früh hat der Junge aus adeligem Haus einen Traum: Er möchte nach New York fliegen – und das zu einer Zeit, in der die Luftfahrt noch in den Kinderschuhen steckt. Doch die Strecke nach New York führt über den Atlantik, der kaum einen Zwischenstopp möglich macht. „Wolfgang von Gronau geht zwar zur Marine", erzählt Gordon Debus, „wird dort aber als Leutnant zu den Segelfliegern versetzt. So kommt er nach List, um hier die Station der Deutschen Verkehrsfliegerschule zu leiten." Der Gedanke an den Flug nach New York geht ihm nicht aus dem Kopf. Am 18. August 1930 ist es dann so weit. Heute liest sich das, was sich damals in List ereignete, auf der Internetseite der Kurverwaltung wie ein spannender Krimi. Der offizielle Auftrag an Gronau an diesem Tag lautet: „Fliegen Sie mit Ihrer Maschine das Nordkap an und kehren Sie dann nach List zurück." Um 14:20 Uhr hebt die zweimotorige „Dornier Wal D 1422" bei völliger Windstille ab, an Bord ein Brennstoffvorrat von 2350 Litern. Von Gronau hat auch seine Besatzung nicht in seine Pläne eingeweiht. Erst in Island, zwei Tage später, teilt er ihnen mit, dass er nach New York fliegen will. Der Verkehrsminister in Berlin bekommt nur eine kurze Nachricht: „Fliegen, Einverständnis vorausgesetzt, über Grönland nach USA." Nach fast 45 Stunden Flug und rund 7.000 geflogenen Kilometern ist New York erreicht. Gronau erinnert sich an den ersten

Sichtkontakt: „Als wir am Nachmittag des 26. August New York erblicken, ist der Traum Wirklichkeit geworden. Ungeheuer ist der Eindruck der Wolkenkratzer." Der Begeisterungssturm der New Yorker über diesen Flug ist enorm, nicht nur die Medien feiern den neuen Stern am Fliegerhimmel. Auch der Reichsverkehrsminister in Deutschland ist versöhnt und telegrafiert: „Mit Stolz über den kühnen Flug, mit dem Sie dem Ansehen unseres Volkes in der Welt einen guten Dienst erwiesen haben, grüße ich Sie und Ihre Besatzung."

„Wolfgang von Gronau ist es also gelungen, seine Vision Wirklichkeit werden zu lassen."

Nach einem Treffen mit Charles Lindbergh, dem 1927 der erste Nonstoppflug von New York nach Paris gelungen ist, folgt der gesellschaftliche Höhepunkt: Präsident Herbert Hoover (1874-1964) lädt ins Weiße Haus nach Washington.

Jetzt ist Wolfgang von Gronau populär und verfolgt unbeirrt sein nächstes Ziel: die Weltumrundung. Die gelingt ihm zwei Jahre später. Und als er am 24. November 1932 nach List zurückkehrt, sind es die Sylter, die ihm einen begeisterten Empfang bereiten. „Wolfgang von Gronau ist es also gelungen, seine Vision Wirklichkeit werden zu lassen", freut sich Gordon Debus. „Und weil mit der Ehrenbürgerschaft auch ein unentgeltliches Begräbnis verbunden war, liegt er jetzt zusammen mit seiner Frau in List begraben", fügt er mit einem Augenzwinkern hinzu, um gleich richtigzustellen, dass es Wolfgang von Gronau nicht darum ging, kostenfrei zu Grabe getragen zu werden, sondern an dem Ort bleiben zu dürfen, von dem aus er seine Visionen erfüllen konnte.

Wiebke Stitz

....

So geht's zum Flieger-Grabstein:

Der Grabstein von Wolfgang von Gronau steht auf dem Lister Friedhof, Friedhofstraße. Zu finden ist er vom Hauptweg aus rechts im unteren Friedhofsbereich.

14

Hochwasserpfahl
Stürmische Zeiten auf Sylt

Nächte wie diese hat Bine Pöhner schon viele erlebt. Nächte, in denen sie nicht schlafen kann, weil der Wind so sehr heult und sie auf der Fensterbank sitzt. Besonders lebendig sind ihre Erinnerungen an Orkan Xaver am 5. Dezember 2013, und sie weiß noch, dass es an einem Donnerstag war, als der Wind mit bis zu 220 km/h aus Richtung Westen über die Insel fegte. Irgendwann saß Bine Pöhner dann nicht mehr auf der Fensterbank. „Die Scheiben wurden durch die Wucht des Sturms teilweise nach innen gedrückt und ich hatte Sorge, dass sie zerbersten." Die Fenster hielten. Aber Bine Pöhner hat diese Nacht ebenso wenig vergessen wie viele weitere Sturmnächte auf Sylt.

Sie kennt ein Relikt am Lister Hafen, das an solche Ereignisse erinnert. Kaum jemand beachtet es, denn von hinten – und von hinten betrachten es die meisten Menschen, da seine Rückseite zum Land und seine Vorderseite zum Wasser zeigt – ist es nicht mehr als ein Pfahl.

Das einzige, woran man vielleicht merkt, dass es sich nicht um einen normalen Pfahl handelt, sind die Metallbänder, die sich um ihn herumziehen. Umrundet man ihn aber, entdeckt man, dass die Bänder mit lauter Daten versehen sind. Auf dem untersten Band steht *3.12.1909*, darüber *27.10.1926*, wieder darüber *16.02./17.02.1962*, darüber *03.11.1976* und ganz oben *24.11.1991*. „Alles Daten von Sturmfluten hier auf Sylt", erklärt Bine Pöhner. Zwar ist das Ereignis, bei dem ihre Fensterscheiben in Gefahr waren, nicht auf dem Pfahl verzeichnet. Aber trotzdem ist er für sie ein Ort der Erinnerung an diese und andere Sturmnächte. Und ein Relikt, das darauf verweist, wie sehr die Sturmfluten die Insel bedrohen, die sie so liebt: „Was mir solche Sorgen macht, ist, dass die Hochwasser und Sturmfluten massiv am Land nagen", gesteht sie. „Einmal in List, einmal in Hörnum und eben auch an der Westküste. Besonders das Rote Kliff in Kampen ist durch Erosion gefährdet, von oben durch Regen, der es ausspült, und von

Bine Pöhner umarmt den Hochwasserpfahl. Sie weiß, wie sich Sturmfluten anfühlen – sie fürchtet und liebt sie gleichermaßen.

unten durch das Meer, das dem Land zusetzt." Der Geograf und Privatdozent Dr. Christian Stolz ist Experte in Sachen Hochwasser und Sturmfluten an Nord- und Ostsee. Er sagt, besonders gefährlich sei eine Flut, die regulär zweimal täglich vorkommt, dann, wenn der Wind mit Orkanstärke von Westen oder Nordwesten gegen das Land presse. „Das passiert vor allem im Herbst und im Frühwinter, wenn der Nordatlantik selbst noch vergleichsweise warm ist, aber auch im späteren Winterhalbjahr." Genau das, sagt er, könne man auch anhand der Daten erkennen, die an der Hochwassersäule in List genannt sind.

Ganz untypisch für die Insel war dagegen die Sommerflut vom 30. August 1923, welche ebenfalls nicht auf dem Pfahl markiert ist. Bei dieser Flut verlor der Westerländer Ernst Jacobsen seinen Großvater, die aus Morsum stammende Erika Hansen ihre Urgroßeltern. Gemeinsam mit seinem Bruder, der Kapitän war, und seinem Neffen fuhr Paul Jacobsen an diesem Tag von Husum nach Munkmarsch.

„Und dann wurden sie von einem schweren Seebeben überrascht", sagt Ernst Jacobsen traurig. „Das Schiff ist untergegangen, mein Großvater und mein Großonkel sind ertrunken." Paradoxerweise transportierten sie Grabsteine. „Sie hatten ein Nebengeschäft und haben immer Grabsteine von Husum geholt, hier auf der Insel gab es ja keine", erzählt Jacobsen. Dass die

„Die Fenster wurden durch die Wucht des Sturms teilweise nach innen gedrückt und ich hatte Sorge, dass sie zerbersten."

Steine in den Tiefen der Meere ihre eigenen Grabsteine geworden sind, ist ein grausamer Streich des Schicksals.

Aber der Neffe wurde gerettet: „Sie haben ihn ganz oben am Mast festgebunden. Und als die Flut zurückging, hat man ihn dann in Sicherheit gebracht." Trotz der traumatischen Erfahrungen entwickelte dieser Neffe offenbar keine Angst vor dem Meer. „Er wurde später Kapitän", erzählt Ernst Jacobsen.

Die Mutter von Erika Hansen hingegen hatte zeitlebens Angst vor dem Wasser. „Ich wusste nie warum", erzählt die Sylterin heute. „Wir durften nie schwimmen gehen, haben auch nie schwimmen gelernt. Und meine Mutter hatte immer schreckliche Angst um uns." Erst nach dem Tod der Mutter fand Erika Hansen heraus: Deren Großeltern

Peter-Christian und Inken-Kairene Matzen waren bei der Flut vor den Augen der damals zehnjährigen Enkelin ertrunken. Sie wollten die Schafe vor ihrem Haus in Archsum retten. „Das Wasser kam von allen Seiten. Die Großeltern haben meine Mutter noch auf einen dicken Pfahl setzen können, auf dem sie dann überlebt hat." Später sei sie vom Schlachter aus Wenningstedt gerettet worden.

Dieser Pfahl gibt sein Geheimnis nur von der Wasserseite aus preis.

Die Sommerflut von 1923 erlebte auch der Schriftsteller Robert Musil (1880-1942): „Am 30. August ist die bekannte Bäderinsel Sylt durch eine Sturmflut mit solcher Macht überrascht worden, derengleichen man seit Jahrzehnten vergessen hatte und nicht mehr erwartete." Der Sturmflut, notierte der Autor, sei „ungewöhnliches Wetter" vorausgegangen. Er beschreibt „dauernde(n) Südwestwind, nächtelang schwere Gewitter" und „gleichmäßig verregnete Vormittage, aufklärende Nachmittage, unheimlich klare Abende und Morgen". Die meisten Gäste seien schon abgereist, teils wegen des Wetters, „teils wegen der Fahrpreiserhöhungen in Deutschland. Die Insel schien seit den letzten Tagen sich und ihrer einsamen, phantastischen Eigenart zurückgegeben zu sein. In der Nacht, die der Sturmflut voranging, zündete der Blitz auf der Insel und verbrannte ein Bauernhaus, und losgelöst von dem Leben der Badezeit und der Erholungs- und Dollaraufgeregtheit der abgereisten Städter, gewann das unbedeutende Ereignis das ganze Gewicht, das es für einsam wohnende Leute hat (...)" In der Nacht vor der Sommerflut sei der Wind angeschwollen, und dann „die Flut mit ungeheurer Gewalt eingebrochen" und habe das Land „auf mehrere Kilometer einwärts mit der Brandung der See" bedeckt: „Dieser Einbruch dauerte mehrere Stunden, die Gehöfte leisteten ihm Widerstand und schließlich hielt ihn ein Straßendamm auf, aber er war so unerwartet gekommen, daß ihm außer großen Teilen der Ernte auch viel Vieh zum Opfer fiel und einige Menschen ertranken."

Dr. Christian Stolz erklärt, dass Sylt zwar über einen Geestkern verfügt – also sandige und steinige Moränenablagerungen aus der vorletzten Eiszeit – dass Teile der Insel aber aus Marschland bestehen. „Bei der Marsch handelt es sich um zumeist künstlich dem Wattenmeer abgerungenes Land", erläutert er. Und diese Marsch sei besonders sturmflutgefährdet. „In früheren Jahrhunderten baute man die Häuser wegen der Gefahr durch den Blanken Hans, wie die Sturmfluten schon bei Theodor Storm genannt wurden, deshalb auch nur auf Warften, künstlichen Wohnhügeln." Auch Stolz spricht an, was Bine Pöhner so bewegt: „Am Roten Kliff auf Sylt kann beobachtet werden, dass der Geestkern der Insel durch die Nordsee bedroht ist und immer stärker abgetragen wird." Er nennt zwei Sturmfluten, die nicht auf dem Pfahl in List verzeichnet sind, die aber der Marsch sehr zusetzten: „Am schlimmsten waren die beiden sogenannten Großen Mandränken 1362 und 1664, die auch unter den Bezeichnungen Zweite Marcellusflut und Burchardiflut bekannt sind." Bei diesen Sturmflutereignissen seien zahlreiche Marschbewohner ums Leben gekommen. Wie viele genau, darüber könne nur spekuliert werden. „Zudem gingen große Teile der nordfriesischen Marsch dabei verloren", fasst der Wissenschaftler zusammen. „Die Gefahr einer Sturmflut ist besonders groß, wenn ein solches Ereignis mit einer Springtide zusammenfällt. Dies ist eine extrem hohe Flut, wie sie zweimal im Monat vorkommt. Dann wird es auf Sylt richtig ungemütlich."

Davon kann auch Bine Pöhner ein Lied singen. Ihrer Liebe zur Insel tut das keinen Abbruch.

Eva-Maria Bast

So geht's zum Hochwasserpfahl:

Er steht vor dem Schiffahrtsamt am Hafen direkt am Wasser. Die Marken sieht man nur vom Steg aus.

Vergessener Ring in List – dabei hatte er einst eine wichtige Aufgabe. Sven Lappoehn weiß, welche.

15

Ringe

Von List aus in die ganze Welt

Quiiiietsch – Klock. Quiiiietsch – Klock. Quiiiietsch – Klock: Sylt in den 1970er-Jahren. Ein paar Jungs knien auf den Platten und bewegen mit Feuereifer die schweren Eisenringe einmal hin und wieder her. Hin und wieder her. Hin und wieder her. Einer dieser Jungs ist Sven Lappoehn, der später Geschäftsführer des Sylter Heimatvereins Söl'ring Foriining werden soll. Wenn man ihn heute nach einem echten Geheimnis fragt, dann fallen ihm sofort diese Ringe ein, mit denen er als Kind so gern gespielt hat und anhand derer sich ein großes Stück Inselgeschichte erzählen lässt. „Ich erinnere mich noch genau, wie wir immer auf dem Boden saßen und die Ringe hin- und hergeklappt haben. Aber ob es von diesen Ringen heute noch welche gibt?", überlegt Lappoehn zweifelnd. Schließlich hat man den Bereich, auf dem sie sich befanden, für das „Erlebniszentrum Naturgewalten" neu gestaltet. Dieser Umgestaltung sind bestimmt auch die Ringe zum Opfer gefallen. Dinge ver-

Auf der Slipanlage kann man noch mehrere Ringe erkennen.

schwinden nun mal im Lauf der Zeit, und ihre Geschichte gerät damit in Vergessenheit.

Diese nicht! Wir machen uns auf die Suche, gehen vom einen Ende des Parkplatzes zum anderen und wieder zurück. Nichts. Enttäuschung macht sich breit – da entdecken wir doch noch einige. Ganz nah am Wasser bei den Slipanlagen! An diesen Ringen hing viel mehr als spielende Kinderhände: „Dort wurden Wasserflugzeuge befestigt", erklärt Lappoehn. Während des Ersten Weltkriegs sei hier ein Seefliegerhorst entstanden, der das ganze Listland militärisch prägte und aus dem später eine Fliegerschule wurde.

„Anfang des 20. Jahrhunderts lebten keine 100 Menschen in List", sagt Sven Lappoehn. Zu ihnen gesellten sich jede Menge Soldaten. In den 1920er-Jahren wurde der Hafen zur Verkehrsfliegerschule und erlangte Berühmtheit: Von hier startete am 18. August 1930 Wolfgang von Gronau (1893-1977) mit seinem Wasserflugzeug zu einem Flug nach New York (siehe Geheimnis 13).

Ende der 30er-Jahre wurde der Bereich als Seefliegerhorst wieder militärisch genutzt und für die Luftwaffe erweitert. Und im Zweiten Weltkrieg lagen im Hafen die Seenotstaffeln der Wehrmacht vor Anker.

Lange schon hatten sich die Wolken am Horizont verzogen, lange schon herrschte wieder Frieden, lange schon waren die umfangreichen Anlagen des Seefliegerhorstes demontiert oder gesprengt worden, als der kleine Sven Lappoehn und seine Freunde mit den Ringen spielten. Quiiiietsch – Klock. Quiiiietsch – Klock. Quiiiietsch – Klock. Ob sie wohl auch den Ring in der Hand hatten, an dem einst die Maschine vertäut war, die die Welt umrundete?

Eva-Maria Bast

So geht's zu den Ringen:

Man findet sie in der Hafenstraße 37.

Peter Schenck kennt die Geschichte des Steins.

16

Nösse-Gedenkstein
Zwischen Zukunft und Vergangenheit

„Ganz Gallien ist (...) besetzt. Ganz Gallien? Nein! Ein von unbeugsamen Galliern bevölkertes Dorf hört nicht auf, den Eindringlingen Widerstand zu leisten." Dieser eine berühmte Spruch, der am Anfang einer jeden Asterix-und-Obelix-Geschichte zu finden ist, lässt sich durchaus auf die Menschen im Inselosten übertragen. Zumindest auf die Morsumer vor gut einhundert Jahren. Peter Schenck, inzwischen glücklicher Opa, kam 1968 mit seiner Mutter Antje, einer geborenen Kayser, nach Morsum und wuchs dort auf. Weil es auf Sylt aber kaum eine größere Herausforderung gibt, als passenden und bezahlbaren Wohnraum zu finden, verließ Peter Schenck Anfang der 1990er-Jahre Morsum und zog mit seiner Familie nach Hessen. Offiziell zumindest, denn er ist so häufig wie möglich auf Sylt, und manch ein Einheimischer fragt ihn dann schmunzelnd, ob er immer noch oder schon wieder auf der Insel sei. Die Insulaner beobachten eben vieles genau, und zu diesen Beobachtungen zählt auch die Herkunft ihres Gegenübers. So mancher, der sich als echter Sylter fühlt, macht da schon feine Unterschiede.

So verhielten sich auch einige Morsumer, als in den 1920er-Jahren Fremde in ihr Dorf kamen. Es waren Arbeiter, die den Bau des Hindenburgdammes vollbracht haben und zu deren Gedenken heute noch ein Stein auf Nösse zu finden ist. Er erinnert ebenso an ihre Leistung wie an die von Ferdinand Avenarius (1856-1923), dem Neffen Richard Wagners, der als Initiator des Naturschutzes auf Sylt das Morsum Kliff vor dem Supergau bewahrte: Aus dem geologischen Kleinod sollte Baumaterial für den Hindenburgdamm entnommen werden, wodurch das Kliff unweigerlich zerstört worden wäre.

„Die Arbeiter mussten bei jedem Wetter ran."

Vollbracht – anders kann man nicht formulieren, was die Dammbauer leisteten, denn die Entstehung der Festlandverbindung war ein Kampf zwischen Mensch und Natur. Der Bau wurde 1923 festlandseitig begonnen, ab 1925 trieb man die Arbeiten parallel von Sylt aus voran. Hierfür kamen zahlreiche der über 1.500 Dammbauer auf die Insel. Und weil Morsum am nächsten zur Baustelle lag, sollten sie dort wohnen. Viele Dorfbewohner sträubten sich und taten wenig, um den Arbeitern ihr ohnehin schweres Leben zu erleichtern. Bei Wind und Wetter mussten die Männer ins Watt, um Sand aufzuschaufeln, die Gleise zu verlegen und immer wieder das Wasser zurückzudrängen. Während wir heute von Arbeitsschutzvorschriften sprechen, setzten damals die Männer für den Damm ihr Leben aufs Spiel, weil es all diese Dinge entweder nicht gab oder sie nicht berücksichtigt wurden. Wie viele von den Dammbauern umgekommen sind, ist nicht verzeichnet, doch auch an sie erinnert der Gedenkstein auf der Nösse in Morsum, den Peter Schenck kennt. Mit den Arbeitern, den Fremden, begann nicht nur der harte Kampf des Dammbaus, sondern auch der emotionale Kampf zweier Standpunkte: Bringt die Festlandanbindung Wohl oder Wehe für Sylt? Die einen fürchteten um ihre Kultur und Tradition, die anderen erhofften Wohlstand und Fortschritt für die bis dahin ohne feste Anbindung ans Festland bestehende Nordseeinsel.

Doch bevor diese Geschichte erzählt wird, ein kurzer Ausflug in das Reich der Legendenbildung: In vielen Publikationen steht geschrieben, dass der Hindenburgdamm nach dem damaligen Reichspräsidenten Paul von Hindenburg benannt wurde, der ihn 1927 auch feierlich eröffnete.

Ende der 1990er-Jahre entbrennt in Deutschland eine Diskussion um die Benennung von Plätzen und Straßen nach dem ehemaligen Reichspräsidenten, denn Historiker wie Nils Hinrichsen vom Nordfriesischen Institut schätzten ihn als „Steigbügelhalter Hitlers" ein. Die Sylter Rundschau schreibt dazu: „Der Reichspräsident Paul von Hindenburg (1847-1934) ist als Namensgeber für Straßen und öffentliche Plätze zunehmend unbeliebt geworden. Ist es also nur eine Frage der Zeit, bis auch die Insel wieder über die moralische Vertretbarkeit des Namens ,Hindenburgdamm' streitet?"

Der Gedenkstein wurde 2003 im Rahmen der 75-Jahr-Feier des Hindenburgdammes aufgestellt.

Doch dieser Streit entbehrt seiner eigentlichen Grundlage, wie die Sylter Rundschau weiter erklärt, weil der Verkehrsweg, den die DB einst von der Reichsbahn übernommen habe und der als „Reichsbahnstrecke Klanxbüll-Westerland" eröffnet worden sei, offiziell gar nicht „Hindenburgdamm" heiße. Auch im Verkehrsministerium des Landes Schleswig-Holstein weiß man nichts von einer offiziellen Festlegung. Sprecher Harald Haase vermutet stattdessen eine historisch gewachsene Bezeichnung. „Erst beim Einweihungsbankett am 1. Juni 1927 wurde die Bezeichnung ,Hindenburgdamm' von Sylter Bürgern geprägt und setzte sich schließlich durch." Offiziell heißt der Damm also „Reichsbahnstrecke Klanxbüll-Westerland", erst der Volksmund hat den Begriff „Hindenburgdamm" geprägt.

Doch nun zurück in den Osten von Sylt zur Zeit des Dammbaus: Vielen Morsumern war der Name egal, sie wollten die Anbindung an das Festland verhindern. Die Berliner Autorin Margarete Boie hat die Ereignisse in ihrem 1930 erschienenen Buch „Dammbau" festgehalten. Sie schreibt: „Was die Fremden uns Gutes bringen wollen, daran gehen wir noch einmal zugrunde." Die Autorin lässt die Handlung zur Bauzeit des Hindenburgdamms rund um den Morsumer Pastor Eschels spielen, der letztlich die Insel verlassen muss, weil er sich nach Ansicht seiner Schäfchen mehr um den Dammbau als um seine Gemeinde kümmert.

Der fiktive Pastor Eschels hat ein reales Vorbild: Pastor Johler wirkte zur Zeit des Dammbaus in Morsum und versuchte, das Verständnis in der Bevölkerung für die Notwendigkeit des Fortschritts zu wecken. Für ihn war klar, dass die Insulaner den Anschluss an die Weiterentwicklung verpassen würden, wenn sie sich nicht dem Neuen gegenüber aufgeschlossener zeigten. Und so war es auch seine Tochter Karin, die Reichspräsident Paul von Hindenburg im Rahmen der feierlichen Einweihung einen Blumenstrauß überreichen durfte.

Ob die Anbindung an das Festland gut für Sylt war, ist bis heute Diskussionsstoff vieler Gespräche. Gekommen sind Wohlstand in Form von Tourismus und die Möglichkeit, das Festland schneller zu erreichen. Verloren gegangen sind, wie von vielen Morsumern befürchtet, Teile der Sylter Traditionen und der insularen Kultur.

Doch die Morsumer halten noch immer tapfer die Pflege ihrer Sprache und Bräuche aufrecht. Hier leben die meisten Familien auf Sylt, die tagtäglich Sölring sprechen, hier gibt es noch Ringreitervereine und das traditionelle Maskenlaufen an Silvester, bei dem die Geschehnisse des vergangenen Jahres von entsprechend verkleideten Einheimischen aufs Korn genommen werden. In Morsum herrscht ein bisschen von dem Geist, mit dem jede Geschichte von Asterix und Obelix beginnt.

Wiebke Stitz

So geht's zum Nösse-Gedenkstein:

In Morsum der Ausschilderung Morsum Kliff folgen. Vom Parkplatz aus links Richtung Hotel gehen. Der Stein steht vor dem Haus.

Die Tafel kündet von zwei schlimmen Ereignissen.

Pesttafel

Der schwarze Tod und das Lösegeld

W ie überall litten auch die Sylter besonders im Mittelalter an Seuchen, doch die Insel war in dieser Hinsicht etwas besser dran als der Rest Europas, denn ganz so leicht hatten es die Krankheiten nicht, auf die Insel zu kommen. Aber schließlich kamen sie eben doch. Etwas von dem Leid, das damit über die Menschen hereinbrach, lässt sich nachempfinden, wenn man sich in Morsum in die Kirche setzt und die Tafel betrachtet, die dort über dem Durchgang hängt und deren letzte Zeile lautet *De Pest Vns fLVX gefoLget Ist*. Über die Pest berichtet der Chronist C.P. Hansen: „In Wenningstedt waren nur ein Mann und ein kleines Kind übriggeblieben, in Eidum nur drei Familien." Und: „Haufenweise wurden die Leichen in die Pestkuhlen hineingestürzt", die sich auf den Friedhöfen befanden. Mehrmals kam die Pest nach Sylt: 1349, 1581, 1597 – und 1629: An diesen letzten Ausbruch der Pest auf der Insel erinnert die Tafel.

Und nicht nur daran: Der erste Teil der Inschrift kündet davon, dass *Unsere Kirche mit Schanze und Graben stark befestigt, besetzt in aller Eile* während des Dreißigjährigen Krieges zu einer Wehrkirche gemacht worden war. Im Dreißigjährigen Krieg (1618-1648) standen sich die von Schweden unterstützte protestantische Union und die katholische Liga gegenüber. Entstanden war der Krieg durch die religiösen Gegensätze in Deutschland. Auch der Widerstand, den die Reichsstände gegen den habsburgisch-kaiserlichen Absolutismus leisteten, spielte eine große Rolle. Der Krieg beutelte Deutschland, das Hauptschauplatz war, auch hatte er schreckliche Hungersnöte zur Folge. Sylt kam verhältnismäßig unbeschadet davon – trotzdem musste die Bevölkerung leiden: 1628, im Jahr, bevor die Pest die Insel zum letzten Mal heimsuchte, kamen rund 400 Soldaten der kaiserlichen Truppen auf die Insel. Unter der Führung von Oberstleutnant Ernst von Suys rückten sie bis Morsum vor.

Der Küster Muchel Madis schreibt in den Morsumer Annalen: „Im sülven Jahre Vieff weeken vor wienachten nemlicken den 19. Novemb. sint des Koninges Soldaten Up Sildt gekamen, und hebben dar Winterlager geholden, beth up Pingst avendt was den 13. May Ao 1629." Sie kamen also am 19. November 1628 und blieben bis zum 13. Mai 1629. Die Kirche in Morsum wurde verschanzt (siehe Inschrift), sodass sie auch zur Abwehr von Feinden hätte dienen können. Johann Friedrich Camerer berichtet in seiner Chronik: „Dieselbe heißt *Mosen Capelle* auf der alten Charte. Ist sie auch nur kurz und nicht sonderlich hoch, doch ziemlich breit." Weiter schreibt er, „daß selbige im dreyßigjährigen Krieg 1626 verschanzet worden und man über dem Kirchhofe zu Westen einen Schanzgraben gezogen" habe. Und: „Man hat durch die Kirchenmauer Schießlöcher und Stellungen, daß die Soldaten darauf stehen konnten, gemacht." Doch es waren keineswegs die Angriffe, die den Syltern zu schaffen machten, sondern vielmehr die Tatsache, dass sie die Soldaten zu verpflegen und einzuquartieren hatten – ein Unterfangen, das viel zu groß für die kleine Insel schien. Und so schrieb Amtsmann Blome am

23. Mai 1629 an Herzog Friedrich und klagte, dass „die unterthanen nuhmer biß auff den eussersten gradt außgemergelet ßein".

Zu den Einquartierungen kamen Kontributionszahlungen in Höhe von 5000 Reichstalern. 3900 vermochten die Inselbewohner aufzubringen, den Rest nicht, woraufhin der zuständige kaiserliche Oberstleutnant Ernst von Suys zwei Sylter Männer verhaften und ins Gefängnis werfen ließ: Peter Petersen aus Archsum und Manni Bundis aus Morsum. Zwar beteuerten die Sylter, sie würden die fehlenden 1100 Reichstaler umgehend bezahlen, sobald die Ernte eingebracht sei, aber von Suys ließ sich nicht erweichen. Selbst ein Schreiben der beiden Inhaftierten, in dem sie klagten, „(w)aß massen wir in der langwierigen beschwerlichen Gefengknuß, darinne wir wegen unßer Landleuten, Vnd nicht vnser eigen Schult gerahten", half nichts. Er schrieb den „dienstbeflissenen Manni Bundiß und Peter Peterßen von Sildt", wie sie ihr Schreiben unterzeichnet hatten, sie würden „alda sitzen bleiben bis ich werde zu frieden gestellt sein oder mit gelt oder mit bürgschaft". Erst am 29. Dezember 1628 wurden die beiden entlassen.

„Auf Sylt hatte die Not noch lange kein Ende", schreibt Monsignore Peter Schmidt-Eppendorf in seinen „Memoiren einer Insel", denn in dem oben genannten Schreiben an den „Durchleuchtige(n) hochgeborne(n) Fürst E.F.G." ist auch schon von der Pest die Rede: „Wie wir aber kaum solcher Bedrengniß sindt durch Gottliche Verleihung entlediget worden, seint wir von dem lieben Gott und der Scharfen Richte der Pestilenz vnd Klebenden Kranckheit heimgesucht, ein groß theil gestorben."

Und so kündet die Tafel in der Morsumer Kirche, die einst eine Wehrkirche war, von einer Zeit, von der wir nur sagen können: Wie gut, dass wir sie nicht erleben mussten!

Eva-Maria Bast

....

So geht's zur Pesttafel:

Sie hängt in der Morsumer Kirche oberhalb des Durchgangs zum Altar. Die Kirche steht am Haawerlön 1.

18

Geheimes Altarbild

Doppelte Kunst im Inselosten

S ylt ist die Insel der Sagen und Mythen: Hexen, Meeres-
geschöpfe, Riesen und Zwerge – spannend und manchmal
ein bisschen gruselig war es schon immer. Dass auch heute
noch seltsame Geschichten passieren, kann Karin Börnsen
aus Morsum berichten:

In den 1950er-Jahren, als sie noch klein ist, fasziniert sie ein Bild
über dem Ehebett der Großeltern. Zusammen mit ihnen und ihren
Eltern wohnt Karin in Morsum auf dem Catharinenhof. Das Bild, das
sie nicht loslässt, zeigt eine Brücke über einen kleinen Fluss, der einen
Acker durchschneidet. Auf und neben der Brücke stehen Männer, die
unterschiedliche Berufe darstellen. Karin Börnsen erzählt: „Meine
Oma sagte immer: Kind, das Bild bekommst du, wenn ich tot bin!
Doch dann hat sie mir das Bild schon vor ihrem Tod gegeben, weil der
Rahmen von Holzwürmern befallen war und ausgewechselt werden
musste." Was Karin Börnsen dabei entdeckt, ist eine echte Überra-
schung: Hinter dem Brückenbild zeigt sich die preußische Kaiserfami-
lie: Wilhelm II. (1859-1941), letzter deutscher Kaiser und König von
Preußen, ist mit verschiedenen Familienmitgliedern, wie etwa seinem
Sohn Kronprinz Wilhelm (1882-1951), auf dem Druck zu sehen.

Die Entdeckung dieser doppelten Kunst hat Karin Börnsen 1999
im Kopf, als sie als ehemaliges Mitglied des Kirchenvorstandes der
Morsumer Kirche St. Martin erlebt, wie der Altar von der Nordwand
genommen wird, um ihn zu versetzen. Die Kirche St. Martin ist ein
mystischer Ort: Der Sage nach sollte das Gotteshaus ursprünglich an
einer Stelle gebaut werden, die heute im Watt liegt. Doch über Nacht
wurde das Baumaterial „von einer unsichtbaren Hand" an die Stelle
gebracht, an der St. Martin heute noch steht. Das muss um 1240 gewesen sein und damals hieß die Kirche „Mosen Capelle" (siehe Geheimnis 17). Nach dem Sylter Chronisten Hans Kielholt (1704-1783) ist sie
„de erste und de oldeste kerke" – die erste und die älteste Kirche.

Zweimal doppelte Kunst: Karin Börnsen zeigt das Brücken-Bild
ihrer Großeltern, hinter dem sie einen Druck der kaiserlichen
Familie gefunden hat, vor dem Tafelbild, das lange die Altar-
Rückwand war.

*Heute sind das Tafelbild an der Nord-
wand und auch der Altar in der Mitte
der Apsis zu sehen.*

Der Altar, der von der linken Wand der Apsis in deren Mitte rücken soll, ist ein spätgotischer Flügelaltar. Um 1500 entstanden, zeigen seine Seitenflügel die zwölf Apostel. Vorsichtig wird der Altar von der Wand genommen. Als Karin Börnsen die hölzerne Rückwand sieht, ist sie sich sicher: Der Altar hat ein Geheimnis. Der Restaurator gibt ihr Recht. Als er die Rückwand löst und umdreht, kommt ein seit über 70 Jahren verschwundenes Bild des Abendmahls Jesu hervor. Das Gemälde zeigt in einem golden eingefassten Rahmen Jesus, wie er, von seinen Jüngern umringt, mit ihnen das Abendmahl einnimmt. Ein roter Vorhang an der Rahmenspitze gibt der Szenerie einen fast theatralischen Charakter. Im unteren Rahmenteil steht in goldenen Lettern: *Der mensch prufe aber sich selbst und also esse er von diesem brodt und trincke von diesem kelch Den welcher unwürdig isset und trincket der isset und trincket ihm selber das gericht.* Das wiedergefundene Abendmahl Jesu, ein sogenanntes Tafelbild, stammt aus dem Barock. Wann es entstanden ist, wer es geschaffen hat und wie es seinen Weg nach Morsum gefunden hat, ist nicht erforscht.

„Die Morsumer haben wohl etwas gebraucht, um den Altar stabiler zu machen, und dieses auf Holz gemalte Bild genommen", schmunzelt Karin Börnsen. Das wiedergefundene Werk wird ebenso restauriert wie der Altar, dessen Rückseite es jahrzehntelang bildete. In alter Pracht hängt es jetzt wieder an der Stelle, an welcher der Altar vorher war: der Nordseite der Kirche. Dort, wo es mehr als 70 Jahre schon unbemerkt gehangen hat. „Jetzt aber richtig herum!", freut sich Karin Börnsen.

Wiebke Stitz

So geht's zum geheimen Altarbild:

Der Hauptstraße nach Morsum folgen, die Kirche St. Martin ist ausgeschildert. Das versteckte Altarbild hängt an der Nordwand der Apsis.

Die Inschrift in der Bleibedeckung am Chor.

19

Inschriften

Ein Pfarrer erzieht seine Gemeinde

Kirchendächer zählen nicht gerade zu den Dingen, denen man besonders viel Aufmerksamkeit schenkt. Man denkt höchstens über sie nach, wenn sie defekt sind. Also nur dann, wenn die Umstände negativ sind. Dabei lohnt es sich gerade in Morsum, das Kirchendach genauer zu betrachten. Bei zwei Dachziegeln – wobei Dachziegel eigentlich das falsche Wort ist, es handelt sich nicht um Ziegel, sondern um Bleiabdeckungen, die aber die Form von großen Dachziegeln haben – finden sich merkwürdige Inschriften in geschwungener Schrift. Man kann sie nur schwer ent- ziffern, zumal sie sich ja naturgemäß ziemlich hoch oben befinden. Doch wenn man sich sehr bemüht und genau hinsieht, gelingt es. Auf der Inschrift der Ziegel, die die Apsis bedecken, ist zu lesen: *H.P.Z.* und darunter: *H.O.L.* Schließlich *H.U.F.* Und dann noch: *AO 1694.*

Monsignore Peter Schmidt-Eppendorf, der sich intensiv mit der Geschichte der Kirchen auf Sylt beschäftigt hat, kann die Inschriften deuten. „Das sind die Initialen für zwei Pastoren und einen Propst", erzählt er. *H.P.Z.* stehe für Herrn Petrus Zitscher, damaliger Probst in Tondern. *H.O.L.* seien die Initialen von Herrn Otto Lorenzen und *H.U.F.* von Herrn Urban Flor. Die beiden Letzteren seien Pastoren zu Morsum gewesen. Aus der alten Chronik des Pastors Cruppius zitiert Schmidt-Eppendorf Petrus Zitscher betreffend: „Anno 1693 Im November ward zum Propst und Pastoren in Tundern bestellet H. Petrus Zitscher geweßener Hoffprediger in glückstad, auß dem Raabstad Kirspill in Holstein gebürtig." Auch über Otto Lorenzen findet sich etwas in dieser Chronik: „Den 29. December starb der H. Otto Laurentij Pastor in Morsum in die 45 Jahr, aber 11 alß Emeritus, seines Alters im 80sten Jahr, im Ehestand gelebett 37 Jahr, begraben den 7. Jan. Ao. 1702." Noch etwas anderes hat Peter Schmidt-Eppendorf gefunden, und zwar in den „Vermischte Histor. Polit. Nachrichten von den Herzogthümern", verfasst von J. Fr. Camerer im Jahre 1762, der schrieb: „Ein Prediger, Otto Lorenzen in Morsum, konnte mit Wahrheit rühmen, daß er in 36 Jahren seines Amtes keinen Fall gegen das 6te Gebot in der Gemeinde

Inschrift in der Bleibedeckung an der Apsis.

erlebet habe." Kaum jemand hat es wohl in der Amtszeit des Otto Lorenzen gewagt, die Ehe zu brechen.

Besonders zu erwähnen aber ist der Prediger Urban Flor, denn hätte er sein Messbuch nicht so gut aufgehoben, gäbe es heute keine Kielholt-Chronik – und das wäre höchst bedauerlich, denn sie gilt als ausgesprochen wertvolles und wichtiges Dokument, das über das einstige Inselleben Aufschluss gibt. „Als der Prediger Urban Flor, gebeugt unter der Last der Jahre, sein Amt dem Sohne Martin übergab, da befand sich unter den Geräten und Büchern, die der Morsumer Kirche zu eigen waren, auch ein altes Missale, ein Meßbuch aus katholischer Zeit." Am Ende des Buches, wo „nämlich der Drucker einige Seiten frei gelassen", fand sich „eine Art *„Das sind die Initialen für zwei Pastoren und einen Propst."* Chronik der Insel Sylt zu lesen, die mit den Worten begann: ‚Hans Kielholt, Herrn Alberti zu St. Niels oder Eydum Kirche auf Sylt gewesenen Predigers Sohn, hat Folgendes annotiert (…)'"

Einer nicht minder interessanten Beschriftung erfreut sich der Dachziegel am Chor: „Hier finden sich die Initialen von Johann Gottfried Witt und seinen Kirchenvorstehern", erklärt Schmidt-Eppendorf. Und dieser Johann Gottfried Witt hatte es in sich. Er gab ein Schulbuch „für die Kinder des Bürgers, des Landmannes und des Seemannes" heraus. „Das Buch erschien im Jahre 1792 und hatte den Titel: Unterricht in den nöthigsten Sachkenntnissen für die bürgerliche Jugend", sagt Schmidt-Eppendorf, der in seinem Buch „Memoiren einer Insel" schreibt: „Es fehlen darin weder die Regeln zur Herstellung von Diätkost für verschiedene Krankheiten noch eine Anleitung zum Briefschreiben." Manches entlocke aber doch ein gewisses Schmunzeln, findet der Monsignore: Pastor Witt empfiehlt seinen Gemeindemitgliedern: „Ertrunkene trägt man in das nächste Haus (...), entblösset sie von ihren nassen Kleidern, leget sie auf ein Bett oder Lager gerade (...) rüttelt sie gelinde, reibt und bürstet ihren Kopf, Brust und Fußsohlen, besonders aber reibt man sie mit harten Tüchern in der Gegend der Herzgrube und über die kurzen Riben hin, immer aufwärts nach der Brust zu." Und er erklärt auch genau, wie man weiter zu verfahren habe: „Man hält ihnen durchgeschnittete Zwiebeln (Sippeln) oder geriebenen Meerrettig unter die Nase, bläset auch wohl Tobacksrauch durch eine Pfeife, oder Schnupftoback durch eine Federspule ein, reiniget den Mund von Schlamm und Schaum und bläset auch frischen Odem oder Tobacksrauch da hinein, wobey ein anderer gegen die Brust zugleich hinauf reibt." So weit, so gut,

manches davon mag durchaus an Wiederbelebungsmaßnahmen erinnern, die heutzutage in einem Erste-Hilfe-Kurs vermittelt werden.
Doch nun wird es blutig: „Ist ein Aderlasser bey der Hand, so öffnet
man schleunig die Drossel oder Halsader, und lässet 8, 10 bis 12 Unzen
Blut laufen. Eins der wirksamsten Hülfsmittel ist, wenn man Tobacksrauch durch eine abgebrochene Pfeife, deren Kopf man mit durch-
gestochenem Papier umwickelt, durch den Pfeifenstiel, oder durch
eine unten abgeschnittene Messerschneide, in den Mastdarm mit aller
Macht einbläset." Umdrehen soll man „den Ertrunkenen" aber nicht:
„Vor allem gewaltsamen Rütteln und Rollen in oder über einem Faß,
muß man sich hüten, auch nicht den Ertrunkenen auf den Kopf setzen,
oder bey den Beinen aufhängen."

Tischmanieren brachte der Geistliche seinen Lesern ebenfalls bei.
Und für Gespräche empfahl er: „ Schrey nicht, aber rede auch nicht so
leise, daß man dich nicht verstehen könne. Jenes ist ein Fehler pöbel-
hafter und heftiger Leute, dieses klebt gern den Vornehmen, dem
Blöden und den Frauenzimmern an, beydes ist unhöflich."

Letztere Benimmregel ist eine, die auch in der heutigen Zeit noch
dann und wann zu empfehlen wäre!

Eva-Maria Bast

So geht's zu den Inschriften:

*Sie befinden sich auf der Morsumer Kirche St. Martin in den Dach-
bedeckungen von Chor und Apsis.*

*Karin Börnsen freut sich, dass ihr Heimatort Morsum
auf dem Bahnsteig als „Muasem" angekündigt wird.*

20

Sölring-Schilder
Inselsprache auf der Intensivstation

N och vor 120 Jahren hätte manch ein Sylt-Urlauber mächtig schleppen müssen: Ohne ein Sölring-Deutsch-/ Deutsch-Sölring-Lexikon wären erfolgreiche Bestellungen in einem Restaurant oder ein kurzer Schnack beim Brötchenholen nicht so einfach möglich gewesen. Die Morsumerin Karin Börnsen lacht, wenn sie darüber nachdenkt: „Zu der Zeit haben noch acht von zehn Syltern miteinander Sölring gesprochen. Sölring ist die Sprache der Insel, die sich wie eine bunte Mischung aus Dänisch und Englisch anhört und geschrieben manchmal seltsam aussieht. Ich bin mit Sölring aufgewachsen und habe erst in der Schule Deutsch gelernt", erzählt sie. Aufmerksamen Sylt-Reisenden wird die Existenz der zwei Sprachen auf der Insel beim Betrachten der Straßenschilder oder bei der Anreise mit der Bahn aufgefallen sein. Morsum wird auf den Bahnsteigen auch als *Muasem* betitelt, Westerland als *Weesterlön* und Keitum als *Kairem*.

Sölring ist kein Dialekt, sondern gehört als eine Mundart zur eigenständigen friesischen Sprache. Dass heute auf Sylt nur noch wenige Insulaner Sölring beherrschen, liegt hauptsächlich am Fremdenverkehr und dem Zuzug von Flüchtlingen nach dem Zweiten Weltkrieg. Die Sylter wollten sich anpassen und sahen keinen Sinn mehr darin, ihren Kindern Sölring beizubringen, weil in der Schule und mit den Gästen ohnehin Deutsch gesprochen wurde. So ging es mit der Sprache der Friesen rapide bergab, und heute sind auf Sylt nur noch gut 700 Menschen in der Lage, sie zu sprechen und zu verstehen.

Auch Straßenschilder auf Sölring gibt es fast überall auf Sylt.

Vor allem Morsumer wie die Familie von Karin Börnsen leben und sprechen noch Sölring. Mit mittlerweile fünf Generationen wohnt Familie Börnsen-Klint im Inselosten, und auch Robin, der Enkel von Ur-Oma Karin, plappert seine ersten Worte ganz selbstverständlich auf Friesisch. Trifft man auf eine solche Sölring-Familie, können einem schon die Ohren schlackern, weil die Sprache gefühlt so gar nichts mit Deutsch zu tun hat. Nur hin und wieder erkennt man bekannte Begriffe wie „Wolk" für Wolke oder „Stiin" für Stein. „Frinjskep" hingegen bedeutet Verwandtschaft, was sich nicht sofort erschließen lässt, und „Faarwell" Auf Wiedersehen. Dass die Friesen durchaus auch Sinn für Humor haben, lässt sich an Sölring-Straßennamen wie „Frachtenstegelk" in Keitum ablesen. „Fracht" ist die Ladung oder der Lohn, „Stegelk" ist ein Weg durch Äcker und Wiesen. Die liebestollen Friesen fügten diese Begriffe zusammen und übersetzten den Straßennamen mit „Liebespfad", auf dem man sich beim abendlichen Spaziergang auch schon einmal näher kommen darf.

Die Sölring-Sprecher auf der Insel sind zum Glück willens, ihre Kenntnisse weiterzugeben und damit das Aussterben ihrer Sprache möglichst zu verhindern. Um 1900 wurde auf Betreiben des Kaufmann Andreas Hübbe (1869-1941) der „Erste Sylter Sprachverein", der „Foriining fuar Söl'ring Spraak en Wiis" gegründet. Andreas Hübbe hatte in seiner Kindheit selbst Sölring gelernt und setzte sich mit aller Kraft für den Erhalt der Sprache ein. Er sammelte Geld zur Veröffentlichung friesischer Bücher und motivierte den aus Keitum stammenden Boy Peter Möller zum Verfassen eines Sylter Lesebuches. 1909 gab der ebenfalls aus Keitum stammende Kapitän und Landwirt Nann Peter Mungard (1849-1935) das erste Sylter Wörterbuch heraus.

Bis heute halten die Bemühungen vieler Insulaner an, Sölring zu bewahren. Unterstützt werden sie dabei von der „Söl'ring Foriining", dem Friesischen Verein. Der bietet Sprach- und Crashkurse für Lernwillige an und fördert die Verbreitung der Sprache. Bereits im Kindergarten lernen die kleinen Sylter friesische Lieder und Traditionen. Das wird in der Grundschule fortgesetzt. Ungebremste Sölring-Enthusiasten haben Unterrichtsmaterialien ersonnen und ganz Besessene können Friesisch sogar in Kiel und Flensburg an den Universitäten studieren. So viel Einsatz zahlt sich jährlich spätestens zur Biike aus. Dann feiern die Sylter ihr traditionelles Fest, das verschiedene Hintergründe hat: Die Biiken, die Feuerhaufen, werden entzündet, um nicht nur den Winter, sondern früher auch die Seefahrer zu verabschieden, die zur großen Fahrt aufgebrochen sind. Übersetzt heißt „Biike" Feuerzeichen – die Holzstöße loderten hell über das Meer. Bevor die Biiken entzündet werden, singen die Friesen ihre Nationalhymne „Üüs Sölring Lön", übersetzt „Unser Sylter Land". Dann übertönen die Sylter die Touristen, die gerne mitsingen, aber nicht verstehen, welche Liedzeile gerade ihren Mund verlässt, denn schließlich ist der Text auf Sölring.

Wiebke Stitz

So geht's zu den Sölring-Schildern:

Wer auf Sylt die Augen offen hält, findet überall Sölring: auf Straßenschildern, an den Bahnsteigen und bei den Souvenirs.

Malerisch, die Lügenbrücke, aber sie heißt eigentlich anders.

21

Lügenbrücke

Ungelogen: Der Name ist falsch!

Malerisch! Anders lässt sich die Brücke, die sich auf dem Wanderweg zwischen Munkmarsch und Keitum erstreckt, nicht nennen. Wie sie heißt, nämlich (angeblich) Lügenbrücke, das wissen Sylter ebenso, wie sie ihre Geschichte kennen. Doch diese Geschichte, so hat es Pierre Boom, Redakteur bei der Sylter Rundschau, recherchiert, ist falsch. Das weiß er aber auch erst seit Kurzem. Zuvor ist er jahrelang immer wieder, wenn er mit seinem Hund am Watt spazieren ging, über die Lügenbrücke gegangen und hütete sich, auf der Brücke zu lügen – was ihm nicht sonderlich schwer fiel, denn Pierre Boom ist ein grundehrlicher Mensch.

Nach der allgemein bekannten Legende bricht die Brücke nämlich zusammen, wenn jemand, der darüber geht, nicht die Wahrheit sagt.

Als er irgendwann in der Zeitung ein sehr gelungenes Foto mit der Bildunterschrift „Lügenbrücke" veröffentlichte, erhielt er am nächsten Tag einen Anruf von einem erbosten Leser. „Der regte sich furchtbar auf und sagte sinngemäß, dass ihm die Legende von der Lügenbrücke schon lange gegen den Strich gehe, weil sie einfach nicht der Wahrheit entspreche. Auch heiße die Brücke gar nicht Lügenbrücke, sondern Konfirmandenbrücke", blickt Pierre Boom auf das Telefonat zurück. Der verdutzte Journalist begann zu recherchieren, unterhielt sich mit verschiedenen Keitumern und fand heraus: Es gibt die Bezeichnung Konfirmandenbrücke wirklich, auch wenn sie fast schon vergessen ist. Der Grund ist ganz einfach: „In Munkmarsch gibt es ja keine Kirche. Damals wie heute gehen die Munkmarscher in Keitum zum Gottesdienst, und eben auch die Konfirmanden. Der Weg nach Keitum führte damals über diese Brücke, die Straße gab es damals noch nicht", erklärt der Journalist.

„Ein Spaziergang von dort nach Keitum lohnt sich aber doch – der Weg am Meer entlang und über die Brücke ist einfach zu schön!"

Doch nicht nur die Munkmarscher, auch die Wenningstedter marschierten lange Zeit zur Andacht nach Keitum. Konfirmanden überquerten die Brücke allerdings erst seit der Reformation, als die Insel lutherisch wurde. Denn in der katholischen Kirche gibt es bekanntlich keine Konfirmanden. Die Reformation setzte sich in Sylt durch, nachdem Gottschalck von Ahlefeldt (geb. 1475), der letzte katholische Schleswiger Bischof, im Jahre 1541 gestorben war. Im 16. Jahrhundert gehörte Wenningstedt dem damaligen Kirchspiel Eidum an. 1635 wurde in Eidum der Bau der heute noch bestehenden Kirche St. Niels beschlossen, ein Vorhaben, das von den Wenningstedtern vor allem aufgrund der dadurch entstehenden Kosten kritisiert wurde. Sie wechselten daraufhin zum Kirchspiel Keitum.

Anschließend und bis ins ausgehende 19. Jahrhundert gingen die gläubigen lutherischen Wenningstedter infolgedessen über die Brücke nach Keitum – auch die Konfirmanden. Danach mussten sie nur noch in den Wintermonaten den beschwerlichen Weg auf sich nehmen, denn im Sommer gab es nun auch Gottesdienste in Wenningstedt. „Schuld" an dieser neuen Entwicklung waren die Sommerfrischler, die ab der Mitte des 19. Jahrhunderts vermehrt nach Sylt kamen und es gar nicht gut fanden, einen derart langen Weg zur Kirche auf sich nehmen zu sollen – und sei er noch so idyllisch! Abhilfe schuf der Keitumer Pastor Riewert, der sich bereit erklärte, Gottesdienste zunächst in privaten Stuben, später, ab etwa 1900, im Saal der Gastwirtschaft Friesenhof zu halten. Doch wer betet, denkt nicht gerade an Essen und Trinken. Das gefiel dem Wirt irgendwann nicht mehr, zumal die Gläubigen den Platz blockierten, den sonst seine Gäste eingenommen hätten. Deshalb stellte er ein Ultimatum, und jetzt musste umgesetzt werden, was schon lange in der Planung gewesen, aber immer wieder hinausgezögert worden war: der Bau einer eigenen Kapelle. Als dann auch noch Familie Teunis das Grundstück am Dorfteich stiftete, stand dem Bau der Wenningstedter Kapelle nichts mehr im Wege, Keitum blieb allerdings zunächst noch Hauptkirche.

Trotzdem mussten die Wenningstedter bis in die Mitte des 20. Jahrhunderts im Winter noch den beschwerlichen Weg bis nach Keitum gehen: In ihrer Kapelle wurde etwa 30 Jahre lang nur im Sommer Gottesdienst gefeiert. Erst als nach dem Zweiten Weltkrieg viele Heimatvertriebene, vor allem aus Ostpreußen, auf die Insel kamen, fanden die Gottesdienste auch in den Wintermonaten in der Friesenkapelle in Wenningstedt statt. Die Vertriebenen fanden in den ehemaligen Wohnungen der Wehrmacht und in den Kasernen ein neues Zuhause, viele blieben auch, weil sie im Wiederaufbau des Fremdenverkehrs ein-

Pierre Boom sagt immer die Wahrheit – und auf der „Lügenbrücke" natürlich erst recht. Er weiß aber auch: Der Name „Lügenbrücke" ist falsch.

gesetzt werden konnten und damit Arbeit hatten. Damit wuchs die Bevölkerung stark an – sie verdoppelte sich auf insgesamt etwa 25.000 Insel-Einwohner. Und 1948 bekam die Kapelle dann auch einen eigenen Pastor – selbstständig ist die Kirchengemeinde jedoch erst seit 1991.

Seit Mitte des 20. Jahrhunderts müssen die Wenningstedter Konfirmanden also keinen so weiten Weg mehr auf sich nehmen, um in „ihr" Gotteshaus zu gelangen. Und alle anderen auch nicht. Ein Spaziergang von dort nach Keitum lohnt sich aber doch – der Weg am Meer entlang und über die Brücke ist einfach zu schön! Und auch die Legende von der Lügenbrücke hat bei näherem Nachdenken einen Sinn: „Du sollst nicht falsch Zeugnis reden" ist immerhin eines der zehn Gebote. Und das gilt für Katholiken ebenso wie für Mitglieder der Evangelischen Kirche.

Eva-Maria Bast

....

So geht's zur Lügenbrücke:

Man erreicht sie von Munkmarsch aus, wenn man am Hotel Fährhaus (Bi Heef 1) parkt und dann am Ufer entlang den Weg in Richtung Süden geht. Nach etwa zehn Minuten Fußweg kommt man an.

22

Liegender Buddha

Asiatische Ruhe und Sylter Karma

Beneidenswert – dieses Wort fällt einem ein, wenn man in den Rantumer Dünen den übermenschengroßen liegenden Buddha entdeckt. Auf Höhe des Kult-Restaurants „Sansibar" schmiegt er sich ins Dünengras, lächelt zufrieden vor sich hin und scheint mit seinem elegant geformten Körper die Natur um sich herum zu genießen. Sylt könnte also der passende Ort für diese asiatische Gelassenheit sein und richtig: Buddhismus auf Sylt hat es früher schon gegeben und gibt es noch heute.

Szenenwechsel: „Pitchen" und „putten" sind Begriffe aus der Golferwelt, die jeder Spieler kennt, der den kleinen Ball in das heißumkämpfte Loch schlagen möchte. So mancher Sportler wünscht sich dann sicher auch einmal, in seinem nächsten Leben mit dem spielerischen Talent der Golflegende Tiger Wood wiedergeboren zu werden, um zielsicher mit wenigen Schlägen den Parcours zu absolvieren. Auf dem Golfplatz in Kampen sind die Spieler ihrer Wiedergeburt näher, als mancher weiß. Dort, wo jetzt eine Fahne im gepflegten Grün das Ziel markiert, gab es den Plan, ein buddhistisches Kloster zu errichten. Der Buddhismus sollte sich auf Sylt ausbreiten, und Motor hierfür war der Ostpreuße Paul Dahlke (1865-1928). Die Frau seines Neffen lebt noch heute in Wenningstedt in dem nach seinen Ideen entworfenen Haus. Die Geschichte des buddhistischen Klosters auf Sylt, die sie erzählt, führt fast einmal um die ganze Welt.

Sie beginnt mit einem ebenfalls sehr ungewöhnlichen Mann, der eine Zeit lang auf Sylt gelebt und gewirkt hat: Dr. Johannes Ferdinand Otto, am 28. September 1892 in Kiel geboren. Im Jahr 1925, mit knapp über dreißig Jahren, beschloss der studierte Mediziner sich seinen Lebenstraum zu verwirklichen und nach China zu reisen. Dort arbeitete er in einem Sanatorium und lernte die schwierige Sprache. Nachdem er eine wohlhabende chinesische Familie behandelt hatte, wurde er aus Dankbarkeit von ihr als 18. Sohn adoptiert und blieb in Asien, bis er nach Ende des Zweiten Weltkrieges von Amerikanern als Deutscher verhaftet wurde. Nach seinem Freispruch kam er 1948 nach Sylt. Er leitete von 1948 bis 1954 die Innere Abteilung der Nordsee-klinik. Hier befreundete er sich 1949 mit den jungen Arzt Paul Dahlke (geb. 1919). Durch ihn erfuhr er die bemerkenswerte buddhistische Lebensgeschichte von dessen gleichnamigem Onkel Paul Dahlke und hörte von dessen gescheitertem Vorhaben in Wenningstedt.

Der Onkel Paul Dahlke war ebenso wie Dr. Otto dem buddhistischen Glauben zugetan. Seine Reisen nach Asien und ein temporäres Leben als Mönch hatten den 1,54 Meter großen Mann verändert. Wie seine Schwester Bertha berichtet haben soll, kehrte er, immer mehr in sich zurückgezogen, zurück und lebte immer entsagungsreicher.

Familie Dahlke bewohnte seit langem ein Ferienhaus in Wenning-stedt, fast dort, wo Helga Dahlke noch heute lebt. Der Buddhist Paul Dahlke hatte den Wunsch, den Buddhismus auf die Nordsee-Insel zu bringen. Dafür plante er den Bau eines buddhistischen Klosters und einer Stupa. Eine Stupa symbolisiert die Lehre Buddhas. Sie ist ein Gebäude, das von den Gläubigen im Uhrzeigersinn umrundet wird.

Die Pläne für das Kloster nahmen Gestalt an, denn Dahlke hielt es für Europäer auf Dauer für zu strapaziös, als Buddhist in Asien zu leben. Dafür erwarb er fünf Hektar in der Braderuper Heide, um hier nach seinen Plänen das Refugium für Einkehr und Meditation entstehen zu lassen. Doch dann erlebte das Schaffen Paul Dahlkes sein eigenes Karma. Nach dem buddhistischen Glauben drückt sich in dem Wort Karma aus, dass jede Handlung eine Folge hat. Das galt auch für das Kloster-Karma auf Sylt. Der Bau des Hindenburgdammes, der die Insel mit dem Festland verbindet, hatte während der Planungsphase des Klosters immer weiter Form angenommen und wurde jetzt begonnen.

Helga Dahlke und Martin Schlums wissen, dass hier auf dem Kampener Golfplatz ein buddhistisches Kloster geplant war.

Damit war die Abgeschiedenheit der Insel, die Paul Dahlke als unabdingbare Voraussetzung für den Klosterbau ansah, nicht mehr gegeben. Das buddhistische Kloster konnten seiner Meinung nach auf Sylt nicht mehr gebaut werden. Dahlke ging zurück nach Berlin, wo er auch vorher schon zeitweise gelebt und gewirkt hatte. Dort gründete er 1924 das buddhistische Haus, heute das älteste seiner Art in Europa.

Auf der Insel Sylt – in der Braderuper Heide weithin sichtbar – ließ er zur Erinnerung an sein buddhistisches Projekt ein aus rotem Backstein gemauertes, umfriedetes Denkmal in vereinfachter Form einer Stupa errichten, das die Inschrift trug: *Namo Buddhaya – Ehre dem Erhabenen. – P. Dahlke 1927.*

Dr. Johannes Ferdinand Otto hielt es nicht lange auf Sylt aus. Das Fernweh zog ihn nach Äthiopien, wo er Leibarzt von niemand geringerem als Kaiser Haile Selassie (1892-1975) wurde. Den Kaiser Äthiopiens, das damals noch Abessinien hieß, begleitete Otto nach Indien, Israel, Burma und Japan, wo er sogar dem Kaiserpaar vorgestellt wurde. Aus Dankbarkeit über ein so erfülltes Leben beschloss Otto, so wie in der chinesischen Tradition üblich und von ihm selbst erlebt, ebenfalls Söhne zu adoptieren. Der junge Arztkollege auf Sylt wurde als Paul Dahlke-Otto sein dritter Adoptivsohn. Dr. Johannes Otto kehrte 1968 auf die Insel zurück und lebte bis zu seinem Tode 1977 im Haus der Familie Dahlke in Wenningstedt.

Auf Sylt blieben kaum sichtbare Zeichen des Wirkens von Paul Dahlke zurück. Sein Denkmal in Form einer Stupa auf der Braderuper Heide wurde von der Wehrmacht abgerissen, um das Flughafengelände zu erweitern; das buddhistische Zentrum und der Klosterbau waren gar nicht erst begonnen worden.

Martin Schlums, Architekt und kreativer Vater markanter Gebäude auf der Insel, kennt aber die nicht für jedermann sichtbaren Hinweise auf den Buddhismus auf Sylt: „Paul Dahlke hat sein Haus in Wenningstedt nach eigenen Vorstellungen bauen lassen. Inspiriert durch die weißen Häuser in Sri Lanka, entstand 1904 ein Haus in Kubusform. So ein Baustil war für die damalige Zeit unglaublich, denn auf Sylt wurde im Bäderstil gebaut, der Bauhausstil entwickelte sich erst später, und ein so geometrisches Haus war eine Besonderheit." Martin Schlums erläutert weiter: „Der Grundriss des Hausteils von Paul Dahlke ist nahezu quadratisch. Im Garten wurde ein Lotusbecken gebaut. Auch das sind Verweise auf seinen buddhistischen Glauben. Beim Umbau der Gebäude waren wir sehr vorsichtig, um die Grundidee Paul Dahlkes so weit wie möglich zu erhalten", beschreibt er sein Vorgehen.

Erfüllt hat sich das buddhistische Karma auf Sylt dennoch: Seit 1997 gibt es in Westerland ein buddhistisches Zentrum. Und die Fläche in der Braderuper Heide gehört heute zum Golfplatz in Kampen, wo die Spieler sich sicher manchmal wünschen, als Golflegende wiedergeboren zu werden. Den Weg zur nötigen Gelassenheit hierfür kann ihnen die Buddha-Statue in den Rantumer Dünen weisen.

Wiebke Stitz

So geht's zum liegenden Buddha und zum einst geplanten Bauplatz für das buddhistische Kloster:

Der Buddha liegt in den Rantumer Dünen links vor der „Sansibar".
Das Kloster sollte dort gebaut werden, wo heute der Kampener Golfplatz ist. Zu sehen ist die Stelle, wenn man hinter der Norddörfer Halle rechts abbiegt. In der Mitte des Weges gewährt ein Pfad einen Blick auf den damals ausgewählten Platz.

23

Seezeichen

Der Gast aus dem Meer

Losgerissen, angeschwemmt, neue Heimat gefunden – in diesem Telegrammstil kann nicht nur die Geschichte des Seezeichens in Rantum berichtet werden, sondern auch die Lebensgeschichte der ehemaligen Berliner Göre Julia Nieß. Sie steht in Rantum vor dem großen rot-gelb-blau gestrichen Metall-Ungetüm, das auf Höhe Ortseinfahrt, von Westerland kommend, seinen Platz gefunden hat. „Das gut sieben Meter hohe Seezeichen wurde auf Sylt an den Strand gespült. Es hatte sich in einer stürmischen Nacht irgendwo in der Nordsee losgerissen. Ob es eine Ölplattform markierte oder die Begrenzung des deutsch-dänischen Hoheitsgewässer war, weiß heute niemand mehr. Auf jeden Fall trieb es in Hörnum an den Strand", erzählt sie. Seezeichen dienen der Regelung des Schifffahrtsverkehrs, indem sie die Schifffahrtsstraße markieren. Sie bestehen aus Stahlblech oder Kunststoff und werden mit einem Betonklotz am Meeresgrund verankert. Bei zu starkem Sturm und Wellengang ist es nicht selten, dass die Verankerung bricht und sie vom Wasser mitgerissen werden.

Mit ihren Lichtern schaffen die Seezeichen Orientierungsmöglichkeiten bei Nacht und geben tagsüber durch die Farben rot und grün die Richtung an. „Auch bei diesem Seezeichen sitzt oben auf dem Metall eine rote Leuchte, eigentlich gehörten auch noch Solarkollektoren dazu, die das Licht mit Strom gespeist haben. Doch hier auf der Insel lenkte es nachts die Flugzeuge ab, die in Westerland landen wollten", weiß Julia Nieß. Der Fund des Seezeichens war für die Hörnumer keine Sensation, sondern eher eine Belastung. Wohin bloß mit dem Metall-Koloss? „Die findigen Hörnumer hatten schließlich eine Idee", lacht Julia Nieß, „sie schenkten das Seezeichen einfach den Rantumern und waren es los. Wobei", sagt die fröhliche junge Frau und hält inne, „es gibt auch die Variante, dass die Rantumer den Hörnumern dafür Geld bezahlt haben sollen, weil sie ihren Ortszugang gerade neu gestaltet haben und das Seezeichen so gut hier hinpasste. Wie auch immer: die Rantumer posi-

Kleine Julia Nieß, großes Seezeichen: An Land kann man erst die wahre Größe der Boje erkennen.

tionierten die Gabe gleich unübersehbar am Straßenrand. Das muss zur Zeit der Insel-Fusion gewesen sein, also 2008, als sich die Stadt Westerland mit den Gemeinden Sylt-Ost und Rantum zusammengetan hat", vermutet die Redakteurin der Sylter Rundschau.

Der Insel-Fusion, also dem Zusammenschluss möglichst aller Gemeinden auf Sylt, war eine jahrelange Diskussion vorausgegangen. „Die Sylter sind eben keine Sylter, sondern Lister, Kampener, Keitumer und so weiter. Die einzelnen Gemeinden hatten und haben sogar eigene Postleitzahlen – und das auf diesem kleinen Fleckchen Erde. Deshalb tun und taten sie sich schwer mit einer Vereinigung." Bereits 1871 hatten sich Kampen, Braderup und Wenningstedt dazu durchgerungen, die Gemeinde Norddörfer zu werden. Den Namen Norddörfer wählten sie, weil List zu dem Zeitpunkt noch zur dänischen Krone gehörte und sie sich deshalb als nördlichste deutsche Dörfer auf der Insel empfanden – und es ja auch waren. Diese Verbindung hielt aber nur bis 1927, dann stieg Kampen wieder aus und der Name Norddörfer wurde in Wenningstedt geändert. Aber auch der überdauerte nicht bis heute, denn 2002 wurde daraus Wenningstedt-Braderup.

Als Seezeichen leuchtete es sogar nachts.

Fast zur gleichen Zeit begann die Diskussion über eine Fusion aller Gemeinden mit der Stadt Westerland. Das Für und Wider spaltete Freundschaften und Familien. Die Einwohner der einzelnen Orte fürchteten, von der Stadt Westerland dominiert zu werden und ihre eigene Identität zu verlieren. Auf der anderen Seite war es vor allem den Touristen schwer zu vermitteln, dass es so wenig Zentralität auf der Insel gab. Bei der Suche nach einem Ferienquartier mussten nahezu alle örtlichen Bettenvermittler einzeln angerufen oder angeschrieben werden, was im damals noch internetlosen Zeitalter schon den echten Wunsch, auf Sylt Urlaub zu machen, voraussetzte, um sich dieser Tortur zu unterziehen. Außerdem versprach man sich durch die Fusion Synergieeffekte im Verwaltungsbereich, stringentere Abläufe und ein umfassenderes insulares Handeln. Am 30. September 2008 fusionierte schließlich die Stadt Westerland mit Rantum und Sylt-Ost zur Gemeinde Sylt. Sylt-Ost wiederum hatte sich 1969 aus den Gemeinden Morsum, Archsum, Munkmarsch, Keitum und Tinnum gebildet. „Doch weiter ging die Fusion nicht, und hin und wieder äußern die fusionierten Orte bis heute ihren Unmut darüber, nun gefühltes Anhängsel von Westerland zu sein. List, Kampen, Wenningstedt-Braderup und Hörnum sind immer noch eigenständig – bis hin zur Postleitzahl", erzählt Julia Nieß.

Vor diesem Hintergrund bekommt die Geschichte des Seezeichens in Rantum noch einmal eine andere Bedeutung. „Die Hörnumer hatten auf Sylt schon immer eher die Außenseiterrolle. Lange wohnte so gut wie niemand im Süden und die anderen Insulaner schauten teilweise

„Im Grunde habe ich meinen Weg nach Sylt genauso gefunden wie dieses Stück Metall hier."

abfällig auf Hörnum. ‚Die DDR von Sylt' wurden sie auch im insularen Volksmund genannt. Besonders freundschaftlich war man sich nicht verbunden", erzählt Julia Nieß.

Doch von der Insel- nun zurück zur Julia-Nieß-Geschichte: Warum ist ihr das Seezeichen so nah? „Im Grunde habe ich meinen Weg nach Sylt genauso gefunden wie dieses Stück Metall hier", beginnt sie. „Ich komme aus Berlin und hatte mich dort losgerissen, um in den Ferien in einer Bäckerei auf Sylt zu jobben. Doch gleich, als ich gefühlt auf Sylt angeschwemmt wurde, war ich von der Insel fasziniert. Und als ich meinen damaligen Juniorchef sah, war es das zweite Mal um mich geschehen. Ich habe mich sofort in ihn verliebt und heute leben wir zusammen." Inzwischen hat Julia Nieß ihren Ferienjob in der Bäckerei gegen ihre eigentliche Profession, den Journalismus, getauscht. Und ihren Wohnsitz dort gewählt, von wo aus auch das angeschwemmte Seezeichen eine neue Heimat gefunden hat: in Hörnum.

Wiebke Stitz

··

So geht's zum Seezeichen:

Von Westerland nach Rantum fahren. Nach dem Ortseingang ist das Seezeichen auf der rechten Seite vor einem Wohnblock zu sehen.

24

Eisenbahn-Schlacke

Echtes Sylt-Souvenir zum Selberfinden

R eisesouvenirs sind etwas ganz Besonderes und auf Sylt können Spaziergänger eines entdecken, das so original „inselig" ist wie kaum ein anderes. Dafür müssen sie nur dem Geheimnis von Jochen Neumann folgen und ihre Augen auf den Boden richten. Der gebürtige Sylter ist ehrenamtlich als Naturschützer in den Dünen- und Heideflächen der Insel unterwegs. Wenn seine Wanderwege sich aus den alten Schienentrassen gebildet haben, entdeckt er dort das kostenlose Sylt-Andenken immer wieder.

Sich mit der Geschichte der Urlaubsdestination auseinanderzusetzen, ist auch für viele Sylt-Urlauber ein Vergnügen. Ziemlich überrascht sind sie, wenn sie erfahren, dass es auf Sylt jahrzehntelang einen regen Bahnbetrieb gegeben hat, bevor der Hindenburgdamm gebaut wurde: Dampflokomotiven zogen Waggons durch die Dünenlandschaft. Bereits 1888 wurde unter der Leitung des Flensburger Kleinbahndirektors Emil Kuhrt (1848-1909) die erste Schienenverbindung gebaut, die „Sylter Dampfspurbahn". Die Bahn führte über rund vier Kilometer von Munkmarsch nach Westerland, um die Gäste bequemer an ihren Urlaubsort zu bringen. Denn im Munkmarscher Hafen legten die Fahrgastschiffe der vielen Badegäste an. Ähnlich war die Situation im Inselsüden. Der Hamburger Reeder Albert Ballin (1857-1918) eröffnete 1901 die Seelinie Hamburg-Helgoland-Hörnum. Dafür ließ er eine weit ins Meer ragende Seebrücke errichten, die die Gäste nach dem Anlegen der Dampf-Schiffe zum Hörnumer Bahnhof führte. Dort stiegen sie in die Südbahn und fuhren nach Westerland.

Die „Hamburg-Amerikanische-Packetfahrt-Actien-Gesellschaft" HAPAG brachte zwar zahlreiche Touristen in den Inselsüden, bleiben wollte aber niemand, denn Hörnum bestand aus gerade einmal sieben Häusern. Im Baedecker Reiseführer aus dem Jahr 1909 ist zu lesen: „Am 1. Juli 1901 wurde die von der Nordsee-Linie erbaute Sylter Südbahn eröffnet, welche von Westerland nach dem Südkap der Insel (Hörnum)

Jochen Neumann weiß, dass sich auf den Dünen-Wegen noch viel Schlacke finden lässt.

führt, wo selbst eine weit ins Meer reichende eiserne Seebrücke das direkte Anlegen der großen Seedampfer ermöglicht. Die Landung erfolgt ohne Umbooten der Passagiere, welche sofort den bereitstehenden Anschlusszug der Bahn besteigen können. Durch diese jetzt von der Hamburg-Amerika-Linie aufgenommene Reiseroute besteht eine tägliche Seeverbindung Hamburg-Westerland, welche gegen früher eine kürzere Fahrzeit gewährt. Man fährt von Hamburg früh 8 Uhr ab und trifft gegen 7 Uhr abends in Westerland ein."

Der Schienenausbau ging zügig voran, die Nordbahn von Westerland über Wenningstedt und Kampen bis List wurde 1908 fertiggestellt. Dampf-Lokomotiven, die mit Kohle befeuert wurden, zogen die Waggons. Die Kohle verbrannte zwar, hinterließ aber Rückstände, die Schlacke. „Eigentlich", erklärt Jochen Neumann, „wurde die Schlacke in speziellen Behältern gesammelt. Doch weil die Gleise der Bahn in den unebenen Dünen verlegt worden waren, fielen auch Schlacketeilchen heraus. Das war nicht ungefährlich, denn die Teile glühten noch und die Dünen konnten leicht in Brand geraten." So waren Dünenfeuer nach der Durchfahrt eines Zuges nicht selten. Selbst wenn es zu keinem Brand kam, säumten die kleinen, dunklen Feuerteufelchen die Strecke. „Wie die Brotkrumen bei Hänsel und Gretel markierten sie den Weg", erzählt Neumann. „Wenn man heute über die Dünenwege geht und nach unten schaut, sieht man dunkle Flecken, von denen man denkt, es seien kleine Steine. Aber wenn man sich hinkniet und sie in die Hand nimmt, sieht man, dass es Kohlereste sind."

Reste eines Brennstoffes, der einmal die Bahnen auf Sylt zum Laufen brachte und damit für den Transport der zahlreichen Touristen sorgte. Touristen, die damals wie heute gerne mit einem Souvenir nach Hause reisen.

Wiebke Stitz

....

So geht's zur Eisenbahn-Schlacke:

Die Bahnstrecken führten auf der ganzen Insel durch die Dünen. Besonders in Rantum sind viele ehemalige Trassen jetzt Wanderwege. Dort liegt die Schlacke im Sand.

Lars Rekemeyer hockt inmitten der Buhnen am Strand
und fotografiert.

Buhnen

Versuch, die Insel am Schrumpfen zu hindern

Mehr Faszination geht nicht: Der Strand und das Meer
üben auf Lars Rekemeyer eine derart starke Anzie-
hungskraft aus, dass er es kaum aushält, einen Tag lang
nicht dort zu sein. Da er aber von Beruf Rettungsschwimmer ist, gibt es diese Tage während der Saison eher selten. Von
morgens bis abends hält er in dieser Zeit am Strand Wache. Und nach
Feierabend ist er immer noch dort – dann in Begleitung seiner Kamera.
Vor allem die Buhnen, die sich malerisch ins Meer ziehen, fotografiert
er dabei oft und aus den verschiedensten Perspektiven. „Das Bild der
Buhnen kennt hier auf Sylt jedes Kind. Sie gehören einfach zur Insel",
sagt er. Aber wenn er am Strand kniet, sitzt, liegt oder steht – je nachdem, aus welchem Winkel er fotografieren will, stellt er immer wieder

fest, dass viele Menschen nicht wissen, was es mit diesen Buhnen eigentlich auf sich hat. „Ich werde oft danach gefragt", erklärt er. „Von Touristen, aber sehr oft auch von Syltern."

Dann erzählt Lars Rekemeyer zuerst einmal, was ihn an den Buhnen ganz besonders fasziniert: wie alt sie sind! „Diese Buhnen hier sind aus den 1890er-Jahren. Das muss man sich mal vorstellen: Die stehen Jahrzehnt um Jahrzehnt an Ort und Stelle." Eigentlich befinden sie sich dort, um zu verhindern, dass die Insel kleiner wird. Ebenso wie die im Laufe der Jahrhunderte gebauten Buhnen aus Eisen und aus Fundsteinen – teilweise wurden sogar Steine von Hünengräbern dafür verwendet. Dass Sylt kleiner wird, hätten die Sylter Mitte des 19. Jahrhunderts

Eines der Fotos, die Lars Rekemeyer von den Buhnen gemacht hat.

festgestellt: Strömungen, die parallel zum Ufer laufen, trieben den Sand fort ins Meer. „Man hat durch den Bau der im rechten Winkel ins Meer laufenden Buhnen versucht, Abhilfe zu schaffen und das Wegspülen des Sandes zu unterbinden." Das habe allerdings nicht sonderlich viel gebracht: Im Gegenteil habe man durch die Buhnen sogar gefährliche Strömungen erzeugt: „Sie haben also eher einen Nachteil gebracht." Der Rettungsschwimmer warnt: „Schwimmer können durch die so entstehenden Strömungen nach draußen getrieben werden." Als man das erkannte, habe man versucht, die Buhnen zu entfernen, das sei jedoch sehr kostenintensiv und zeitaufwändig, kommentiert er.

Besonders bei Sturm holt sich der „Blanke Hans", wie man die Nordsee in diesem Zustand nennt, gerne Sand von der Insel. Er lässt seine Wellen quasi ungebremst an den Strand laufen, denn die Küste fällt vor Sylt ungewöhnlich steil ab, die tosenden Wellen haben also keine lange, flache Strecke, um auszurollen zu können und dadurch mit verminderter Wucht am Strand zu landen. „Das hat auch zur Folge, dass der Süd- und der Nordzipfel irgendwann von der Insel getrennt würden, wenn man keine Gegenmaßnahmen ergreifen würde", stellt der Rettungsschwimmer fest. Was das für Gegenmaßnahmen sind, wo doch die Buhnen nichts nutzen? Man hat viel versucht. Strandmauern und Tetrapoden gebaut zum Beispiel, das sind riesige Wellenbrecher, die jedoch teilweise im Sand versunken sind. Eine zwar kostenintensive, aber wirkungsvolle Methode wird vor Sylt seit 1972 umgesetzt: künstliche Sandvorspülungen. Das funktioniert so: Auf offener See holen riesige Baggerschiffe Sand vom Meeresgrund und transportieren ihn an den Strand, wo er verteilt wird. Wenn nun die Strömung Sand wegtreibt, dann erwischt sie den zuvor künstlich aufgespülten Sand und bringt ihn dahin zurück, wo er herkommt: ins Meer. Das hat natürlich zur

> *„Man hat durch den Bau der im rechten Winkel ins Meer laufenden Buhnen versucht, Abhilfe zu schaffen und das Wegspülen des Sandes zu unterbinden."*

Folge, dass an den betroffenen Stellen jedes Jahr wieder von Neuem Sand aufgespült werden muss.

Insofern betrachtet Lars Rekemeyer die Buhnen mit gemischten Gefühlen. Sie faszinieren ihn, weil sie so alt und Zeugnis davon sind, wie man sich schon vor über 100 Jahren um die Insel sorgte und sich für ihren Schutz stark machte. Aber sie künden eben auch davon, welchen Gefahren der Strand, den er so liebt, ausgesetzt ist. Welche Gefahr vom Meer ausgeht, auf das er jeden Tag hinausblickt und dessen stürmischen Wellen er schon so manchen leichtsinnigen Schwimmer entrissen hat. Aber obwohl – oder gerade weil es diese bedrohliche Seite seiner Arbeit gibt, liebt er das Abenteuer, das vom Meer ausgeht.

Das Abenteuer sucht Lars Rekemeyer auch, wenn er im Winter mit dem Rad durch die australische Wildnis fährt, um danach auch dort wieder den Strand zu genießen: Das Meer und der Strand, Gefahr und Entspannung, wilde und sanfte Schönheit – es liegt so nah beisammen.

Eva-Maria Bast

So geht's zu den Buhnen:

Am Hauptstrand von Rantum kann man die Buhnen entdecken, wenn man vom Strandübergang aus ans Wasser geht und sich rechts hält.

Birgit Hussel kennt das Geheimnis dieses Steins.

26

Stein mit Hirschgeweih
Als die Bahn die Enten vertrieb

Wer zwischen Rantum und Hörnum auf den Parkplatz zum Strandabschnitt Samoa (siehe Geheimnis 29) abbiegt, hat in der Regel ein klares Ziel: Entweder will er an den Strand oder ins Restaurant „Samoa Seepferdchen". Zahlreiche Gäste kommen mit dem Auto und steuern direkt den Parkplatz an, sodass zwischen der Einmündung von der Verbindungsstraße Rantum – Hörnum und dem Parkplatz kaum Fußgänger unterwegs sind. Und wenn, dann richten sie ihren Blick erwartungsfroh nach vorne und gucken nicht in der Landschaft umher. Aber selbst wenn sie es tun: Die Chance, in der bewachsenen Dünenlandschaft den Stein zu entdecken, ist relativ gering. Nur wer genau hinsieht, kann ihn wahrnehmen. Und wer noch genauer schaut, erkennt sogar: Dort ist ein Hirschgeweih eingraviert. Ein Hirschgeweih auf einem Stein mitten in den Dünen? Das ist ungewöhnlich und es erinnert an ein großes Kapitel Sylter Geschichte. Birgit Hussel weiß mehr:

„Dieser Stein kündet davon, dass hier einst gejagt wurde", erklärt sie. „Das Hirschgeweih wird als Symbol des Jagens verstanden, auch wenn man hier keine Hirsche jagte." Enten waren es, die die Jäger im Visier hatten – und sie wurden nicht in klassischem Sinne gejagt, vielmehr setzten die Jagenden alles daran, das Federvieh zu fangen. „Wie in Kampen und in Eidum gab es auch hier eine Vogelkoje." Auch wenn das Wort „Vogelkoje" kuschelig klingt: Für die Vögel war es hier ganz und gar nicht kuschelig, und wer meint, die Vogelkojen seien dazu da gewesen, nett zu den Vögeln zu sein, der irrt: Waren die Tiere erfolgreich in den Teich gelockt, wurde ihnen der Hals umgedreht. „Man hat die Vogelkojen eingerichtet, weil die Fleischbestände auf der Insel sehr knapp waren", sagt Birgit Hussel. Die älteste Vogelkoje Sylts wurde 1767 in Kampen gebaut, dort befindet sich heute ein Freilichtmuseum zum Thema. 1874 richtete man die Eidum Vogelkoje ein, kurz darauf auch die in Rantum.

Birgit Hussel, die sich gemeinsam mit mehreren Mitstreitern um die Rantumer Vogelkoje und die dortige Ausstellung kümmert, hat die Geschichte der Sylter Kojen recherchiert. Um sie vollständig zu erzählen, muss etwas weiter ausgeholt werden. Birgit Hussel beginnt mit dem Protokollbuch der Rantumer „Vogelkojeninteressentschaft". Aus einem Protokoll vom 24. Februar 1919 gehe hervor, dass schon im Oktober 1880 ein Vertrag mit der Rantumer Gemeinde geschlossen wurde. Fünf Grundstückseigentümer hätten ihr Gelände für den Bau einer Koje zur Verfügung gestellt. Anfangs habe die Koje keinen Gewinn eingebracht: „Sie musste ja zunächst einmal angelegt werden, das kostete Geld."

Der Entenfang war in den ersten Jahren ein Erfolg. Fing man 1882 nur zwei, waren es fünf Jahre später schon 969 Enten. „Die Enten wurden als Wintervorrat haltbar gemacht, sie wurden verkauft und selbst verzehrt", sagt Birgit Hussel. Doch das Ende der glorreichen Zeit ließ nicht lange auf sich warten: „Der Tourismus kam auf die Insel, es wurde unruhiger. Und 1901 wurde die Bahn von Westerland nach Hörnum gebaut. Der Vogelkojen-Interessentschaft war sofort klar, dass das für den Entenfang schwierig werden würde", schildert die Inselkennerin die ungünstige Entwicklung. Deswegen habe man auch gleich geklagt, am 28. März 1901 wurde der Fall in Rantum verhandelt.

In einem Aufsatz von Adolf Janssen zur Entwicklungsgeschichte der Rantumer Vogelkoje ist nachzulesen: „Nach längerer Debatte einigten sich die Parteien dahin, daß die Nordseelinie, solange die Bahn Hörnum Westerland besteht, jährlich an die Kojeninteressenten 500M Entschädigung zu zahlen habe." Unter der Bedingung, dass die Nordseelinie die „vorgeschlagenen Einrichtungen zur möglichsten Vermeidung von Störungen durchführe, und daß es den Kojeninteressenten nach wie vor gestattet sein solle, den Betrieb der Koje aufrecht zu erhalten". Birgit Hussel weiß, um was es sich bei dieser „Vermeidung von Störungen" handelte: „Hauptsächlich haben sie sich bereit erklärt, die Dampfpfeife nicht zu benutzen und außerdem langsamer zu fahren." Trotz dieser Maßnahmen, wurde es schlimm: „In den Jahren 1901 bis 1904 wurden insgesamt nur 49 Enten gefangen", berichtet Hussel.

„1901 wurde die Bahn von Westerland nach Hörnum gebaut. Der Vogelkojen-Interessentschaft war sofort klar, dass das für den Entenfang schwierig werden würde."

Der Erste Weltkrieg habe den schwächelnden Entenfangbetrieb dann endgültig in die Knie gezwungen. „In den Fangbüchern liest man von vielen Störungen aller Art, die den Fang sehr beeinträchtigten", ist bei Janssen nachzulesen. „Es heißt hier: Störung durch das Militär, durch den Zug, durch Telegraphenarbeiter, durch einen Flieger, durch ein Luftschiff L24, durch Bahnarbeiter, durch Kaninchenjäger, durch eine Draisine, durch Artillerieschießen, durch Sprengen von Seeminen, Schießen auf See u.s.w. Trotzdem sind in den 4 Kriegsjahren 613 Enten gefangen." Auch nach dem Krieg war es nicht wirklich einfach: „Es gab kaum Futter für die Lockenten und es wurde auch kaum etwas gefangen", erklärt Birgit Hussel. Erst ab 1921 ging es wieder langsam aufwärts: „In diesem Jahr wurden 189 Enten gefangen", hat Birgit Hussel recherchiert. Und Janssen schreibt: „Im Jahr drauf waren es sogar 506 Enten. Aber wenn man das mit der Amrumer Koje vergleicht, in der 13.820 Stück gefangen wurden, dann muss man doch sagen, dass die Kleinbahn dauerhaft einen sehr schlechten Einfluss auf den Entenfang hatte." Daran lag es allerdings nicht, dass die Stockenten in den nächsten Jahren ungeheuer teuer wurden. Schuld war die Inflation, eine Stockente kostete 1923 zwölf Millionen Reichsmark. „In den Folgejahren wurden immer weniger Enten gefangen, irgendwann lohnte es sich nicht mehr, sodass die Koje im November 1927 dann geschlossen wurde", resümiert Birgit Hussel.

Ein Stein mit Hirschgeweih mitten in den Dünen.

Und wieder kam ein Krieg. Die Hamburg-Amerikanische Packetfahrt-Actien-Gesellschaft (HAPAG) übergab den Betrieb der Inselbahn an das Luftgaukommando, das die jährlich fälligen 500 Reichsmark auch treu zahlte. Kurz nach dem Zweiten Weltkrieg sei die Koje ziemlich verwahrlost gewesen, auch die 500 Reichsmark flossen nun nicht mehr: „Es war nicht klar, wer die Rechte des Luftgaukommandos übernommen hat", schildert Hussel das Problem. Außerdem war während des Kriegs ein Damm zwischen Rantum und Hörnum entstanden, der durch das Gelände der Koje führte. „Man wollte den Damm nun zu einer Teerstraße ausbauen, es gab erneut einen Prozess, diesmal gegen die Gemeinde Hörnum, doch die wollte die Zahlung nicht übernehmen", schreibt Janssen. Erst im August 1960 habe man sich geeinigt: „Die durch die Straße in Anspruch genommene Fläche von 1044 qm wurde an die Gemeinde Hörnum für DM 5000,-- verkauft."

Birgit Hussel erzählt die Geschichte zu Ende: „Die Koje wurde von einem Privatmann erworben, das war im Oktober 1961." Auch die Interessengemeinschaft habe sich damals aufgelöst. „Damit hat die

Vogelkojeninteressentschaft aufgehört zu existieren. 83 Jahre in meist schweren und schlechten Zeiten sind über die Koje hinweggegangen, davon allein 2 Kriege", schreibt Adolf Janssen im Protokoll. „Insgesamt wurden in diesen 83 Jahren 20.431 Enten gefangen. Während auf den Nachbarinseln noch Enten gefangen wurden, sind auf Sylt längst alle Kojen stillgelegt worden."

Doch der künstlich angelegte Teich ist noch immer zu sehen. Und der Stein mit dem Hirschgeweih erinnert daran, dass hier einst Enten zum Verzehr gefangen wurden. Heute laufen die Federtiere keine Gefahr mehr, in eine Falle gelockt zu werden. Allzu sorglos sollten sie dennoch nicht sein – sie werden mit der Waffe erlegt.

Eva-Maria Bast

So geht's zum Stein mit Hirschgeweih:

Er steht rechts von der Zufahrtsstraße zum Parkplatz des Strandabschnitts „Samoa". Von der Schranke aus nach schräg rechts in Richtung Verbindungsstraße Hörnum / Rantum schauen, dann kann man ihn entdecken.

Manfred Degen mit einem Fassadenrest aus rotem Klinker-
stein. Das Werkzeug hat er gleich mitgebracht.

27

Ziegelsteinreste
Bauschutt für den Wassersport

Wer hat, der hat. Dieser Spruch passt auf Sylt gut, denn kaum irgendwo in Deutschland ist der Quadratmeterpreis so hoch wie hier. Nach den neuesten Immobilienstatistiken liegt er auf Sylt im Durchschnitt bei rund 9.000 Euro pro Quadratmeter, in München bei „nur" 6.500 Euro.

Der Immobilienboom treibt deshalb auch seltsame Blüten: So hat sich in der Maklerwelt längst das „Sylter Maß" durchgesetzt, bei dem man Garagen als Nutzfläche anrechnet (was sie trotz der ohnehin nicht legalen Vermietung an Feriengäste nicht sind), Zimmergrößen von Fußleiste zu Fußleiste berechnet (auch wenn man sich im Knien schon den Kopf an der Wand stößt) und Keller gleich komplett der Gesamtwohnfläche zuschlägt. Anfang der 1960er-Jahre erfasste der Bauboom auch Westerland. Manfred Degen, bundesweit bekannter Insel-Kaba-rettist und schon seit Jahrzehnten Sylter Bürger, ist dafür bekannt, die Vorgänger auf der „Goldstaubinsel" besonders kritisch unter die Lupe zu nehmen und den Finger in die insularen Wunden zu legen. Auch der Bauwahnsinn ist ihm nicht entgangen, und er berichtet von den 1960er und 1970er-Jahren, als die Pläne für die Entstehung neuer Gebäude in der Westerländer Innenstadt zu dem führten, was viele Insulaner und Gäste heute nur noch kopfschüt-telnd und mit Bedauern betrachten.

In Westerland gab es Anfang der 1960er-Jahre nur 64 Eigentumswohnungen. Innerhalb der nächsten zehn Jahre vervierundvierzigfachte sich ihre Zahl in der Inselhauptstadt – 2799 Eigentümer besaßen nun eine Behausung. „Alte Westerländer Pensionshäuser und Hotels mussten weichen, damit Appartementblocks mit Hunderten von Wohnungen gebaut wer-den konnten", erzählt Manfred Degen. „Das abenteuerlichste Bauprojekt Anfang der 1970er-Jahre trug den prophetischen Namen Altantis und ging glücklicherweise ebenso unter wie das sagenumwobene Königreich Platons." Hinter dem Projekt „Atlantis" steckte eine Stuttgarter Baufirma mit einem Baulöwen an der Spitze, der Sylt schon lange für sich als lukrativen Markt entdeckt hatte. Direkt an der Westerländer Promenade sollte sein 80 Meter hoher Appartementbau mit 3000 Betten ver-teilt auf 28 Stockwerken entstehen. Baupreis: 110 Millionen Mark. „Bei diesem überdimensionalen Projekt blieb dann endlich auch ein-mal den Sylter Bürgern die Spucke weg, sie gründeten die Bürger-initiative Appartement Baustopp, denn die Politik schien gewillt, den Betonbunker entstehen zu lassen", fasst Manfred Degen zusammen, was geschah, als die „Atlantis-Pläne" öffentlich wurden.

Die Bürgerinitiative, die versuchte diesen Bauwahnsinn zu stop-pen, sammelte zwar 18.300 Proteststimmen, wurde aber trotzdem von

Die Steine ehemaliger Wester-länder Häuser befestigen heute die Rantumer Hafenmole.

den politischen Vertretern nicht gehört. Mit dreizehn zu sieben Stimmen setzten sich die Atlantis-Befürworter in einer Kampfabstimmung in der Stadtvertretung durch. Erst das Innenministerium des Landes Schleswig-Holstein brachte die bauwütigen Sylter Bürgervertreter wieder zur Vernunft und verweigerte die Baugenehmigung.

Der Bereich hinter der Westerländer Promenade war bereits in den 1960er-Jahren zum „Neuen Kurzentrum" umgestaltet worden. Dort, wo vorher die aus unterschiedlichsten Bauepochen stammenden Pensionshäuser und Hotels standen, wuchsen Appartementhäuser wie das „Haus Metropol" in den Himmel.

Über 600 Wohneinheiten, 50 Geschäfte, drei neue Hotels und 300 Garagen standen jetzt dort, wo es vorher kleine Gebäude gegeben hatte.

Der Inselkabarettist erzählt weiter: „Die ehemaligen schönen Westerländer Unterkünfte für Gäste waren in ihre Bestandteile zerlegt – doch wohin sollte der Bauschutt gebracht werden? Jeder Transport von und nach Sylt ist kostspielig, denn was auch immer an Waren transportiert wird, es muss auf die oder von der Insel gebracht werden. Der Lösung des Problems kam der Umstand zugute, dass am Rantumer Hafen Handlungsbedarf bestand: Die Hafenmole musste befestigt werden, um die Segelboote zu schützen. Und da kam der Bauschutt der Westerländer Pensionshäuser und Hotels gerade recht." Das, was von den Westerländer Hotels und Pensionshäuschen übrig geblieben war, wurde nach Rantum gebracht und daraus die Befestigung der Hafenmole gemacht.

„Wenn man heute am Hafen spazieren geht, findet man links und rechts noch immer große Steinflächen, die aus dieser Zeit stammen", erklärt Manfred Degen, der selbst lange ein Segelboot hier liegen hatte. Teilweise sind die alten Fassaden gut zu erkennen und geben ein stummes Zeugnis ab von dem Bauirrsinn, der manchmal auf Sylt herrscht.

Wiebke Stitz

....

So geht's zu den Ziegelsteinresten:

Von Westerland aus die Straße Richtung Hörnum nehmen, links der Ausschilderung am Holzpoller „Rantumer Hafen" folgen und die Straße links um die Gebäude fahren. Rechts gibt es einen Parkplatz.

Fotoshooting mit Kabarettist: Manfred Degen schaut nach dem vermeintlich letzten Zug.

28

Reichsbahnsteig

Zwei Züge und ein Arm des Toten

Wer nach Sylt reist, hat den Weg höchstwahrscheinlich mit der Bahn angetreten. Direkt vor dem Bahnhof in Westerland liegen Gleise, auf denen der alte Unterbau der legendären Inselbahn zu sehen ist. „Blumenpflücken während der Fahrt verboten" ist der süffisante Spruch, der ihr ehemaliges Dasein auf der Insel gut beschreibt, denn weder Tempo noch Beförderungskapazität haben etwas mit den heutigen Möglichkeiten von Bahntransporten zu tun. Doch die Inselbahn war nicht die einzige Zugverbindung, die es auf Sylt gegeben hat. „Hier fuhren seit der Fertigstellung des sogenannten Hindenburgdammes richtig große Züge,

Dampfloks, so wie auf dem Festland, mit den entsprechenden Waggons", weiß Manfred Degen zu berichten. Er ist heute vielen Menschen als Kabarettist und Kolumnist ein Begriff. Bei dem, was er frech in Wort und Schrift treffsicher über Sylt zu sagen hat, bleiben dem Leser und Zuhörer manchmal die Lachsalven im Halse stecken. Begonnen hat er sein Berufsleben allerdings bei der Bahn. Die brachte ihn in den frühen 1970er-Jahren nach Sylt, zunächst nur für einen Sommer, um als Saisonkraft am Bahnhof Westerland auszuhelfen. Doch der gebürtige Lüneburger blieb. Er holte seine Familie nach und nahm die Sylter auf ihrer „Goldstaubinsel" so amüsant unter die Lupe, dass er seit 1993 als freischaffender Kabarettist von der Beschreibung der speziellen insularen Verhältnisse gut leben kann. Und natürlich kennt er sich mit der Geschichte der Bahn auf der Insel bestens aus. „Hier in Dikjen Deel gab es einen richtigen Bahnsteig, so, wie an anderen Bahnhöfen auch", freut er sich, um gleich die Position eines in die Ferne schauenden Reisenden einzunehmen.

Überwuchert, aber in seiner einstigen Funktion als Bahnsteig noch zu erkennen.

„Es fuhr hier nicht nur die Inselbahn, sondern parallel zu ihr auch die Reichsbahn. Die brachte Material für den Bau der Gebäude des Reichsarbeitsdienstes vom Festland nach Sylt." Der Hintergrund für die Errichtung des Bahnsteiges in Dikjen Deel ist weniger spaßig als das, was Manfred Degen sonst über die Inselgeschichte berichten kann.

Die Nationalsozialisten hatten in den 1930er-Jahren exakte Pläne für Sylt: Unter Federführung des NSDAP-Gauleiters Heinrich Lohse (1896-1964) sollte Land gewonnen werden. Sein Zehn-Jahres-Plan sah vor, „den deutschen Bauernstand aus seiner völkischen Abhängigkeit" zu führen und Land für das „Volk ohne Raum" zu schaffen. In Rantum entstanden Gebäude und Einrichtungen, die für die Militarisierung der Insel notwendig waren. Dort, wo heute ein Kiefernwald auf Höhe des Abzweigers zum Rantumer Hafen zu finden ist, standen Flugzeughallen, die die Wasserflieger aufnehmen sollten, für die das Rantumbecken in einen militärisch genutzten Wasserflughafen umgebaut wurde. Die alten Kasernenbauten, die inzwischen als Jugendherberge zahlreiche

Schulklassen aus dem In- und Ausland beherbergen, entstanden, um Soldaten unterzubringen. Nach dem Krieg wurden diese Einrichtungen für die vielen Flüchtlinge genutzt, die nach Sylt kamen und die Einwohnerzahl der Insel mehr als verdoppelten. „Das Baumaterial wurde vom Festland über den sogenannten Hindenburgdamm nach Westerland und von dort weiter nach Dikjen Deel gebracht. Von hier führte ein Gleis weiter zum Hafen Rantum", berichtet Manfred Degen. „Jetzt wurde die Straße saniert, früher konnte man noch ein ‚brrrrr' hören, wenn man die Stelle passierte, an der die Schienen von Dikjen Deel rüber zum Rantumer Hafen die Fahrbahn kreuzten", erzählt er weiter. Ganz Bühnenprofi, nimmt er eine neue Position ein – jetzt winkt er mit einer Hand, als ob er Abreisende verabschiedet. Auch mit dieser Geste ist Manfred Degen dicht an der Geschichte von Dikjen Deel, was aus dem Sylter Friesisch übersetzt „Deich-Ende-Tal" heißt. Wortgewandt erzählt er: „Der Sylter Chronist C.P. Hansen hat sich von diesem Gebiet zu folgender Geschichte inspirieren lassen: Wir schreiben das Jahr 1713 auf Sylt. Es ist die Nacht zum Heiligen Abend und genau Höhe Dikjen Deel geschieht ein furchtbares Schiffsunglück. Das Schiff des Archsumers Manne Tetten strandet. Manne hat die Wahl, seine Mannschaft oder seine Geldkiste aus den Fluten zu retten. Er wählt die Truhe und erreicht mit ihr das rettende Ufer. Aber sein Glück währt nicht lange, denn an Land wird er bereits von Seeräubern erwartet, die ihn erschlagen und sein Geld stehlen. Damit der Mord nicht gleich entdeckt wird, verscharren die Räuber Manne im Sand der Dünen. Doch sein rechter Arm bohrt sich durch den Sand und reckt sich anklagend in die Höhe. Und das soll er bis heute tun, wenn die Nächte dunkel sind – dann fordert Manne Tetten Gerechtigkeit." Spricht's und verlässt über die imaginären Gleise den Bahnsteig.

Wiebke Stitz

So geht's zum Reichsbahnsteig:

Der Straße von Westerland Richtung Rantum folgen, rechts nach Dikjen Deel abbiegen. Der Bahnsteig liegt rechts in dem Waldweg.

Dörte Hansen findet das „Samoa"-Schild einfach klasse.

29

Samoa-Schild

Südseefeeling auf Nordseeinsel

Samoa. Sansibar. Abessinien. Nicht nur wegen des schnee-weißen Sandes, sondern auch aufgrund der Namen mancher Strandabschnitte kann auf Sylt Karibikfeeling aufkommen. Dörte Hansen freut sich jedes Mal, wenn sie von Hörnum nach Rantum fährt und dabei erst an Sansibar und dann an Samoa vorbeikommt. Besonders das Schild, welches an der Einfahrt zum Strandabschnitt Samoa steht, gefällt ihr gut: Edelrost-Buchstaben auf Holz. Aber warum haben die Strandabschnitte derart exotische Namen? Will man den Urlaubern vorgaukeln, sie wären in der Südsee?

Eine Vorstellung, die der doch recht kräftige Nordseewind schnell wieder wegwehen dürfte!

Dörte Hansen weiß, wie der Strandabschnitt „Samoa" zu seinem Namen kam: „Es gibt dazu zwei Versionen", verrät sie. „Die erste sagt tatsächlich, der Strandabschnitt heiße Samoa, weil der feine Sand an die Südsee erinnert." Und die zweite? „Die erzählt, dass es hier einen Parkplatzwächter gab, der mal auf Samoa war." Ob nun eine der Versionen stimmt – oder ob es eine Mischung aus beiden ist: Das Restaurant in den Dünen hat den Namen übernommen: „Samoa Seepferdchen". Und die Geschichte dieses Restaurants hat es der Friesin angetan. Doch dazu später.

Widmen wir uns zunächst den anderen Strandabschnitten mit exotischen Namen. Wie Abessinien, der Strandabschnitt zwischen Wenningstedt und Kampen, zu seinem Namen kam, hat kein Geringerer als der äthiopische Prinz Asfa-Wossen Asserate im Rahmen des Kampener Literatursommers im Frühjahr 2016 erzählt. Asfa-Wossen Asserate ist Großneffe des letzten Kaisers Äthiopiens, Haile Selassie (1892-1975). Er berichtete, dass 1935 vor Sylt ein Schiff strandete, dem man sich unter keinen Umständen nähern durfte. Das Schiff sollte, obwohl es unter französischer Flagge fuhr, aus Deutschland stammen, so hieß es.

Hinweisschild auf das Restaurant am exotischen Strandabschnitt.

Deutschland pflegte zu dieser Zeit mit dem faschistischen Italien freundschaftliche Beziehungen. Italien plante einen Angriff auf das Kaiserreich Abessinien, ihm fehlten jedoch die Waffen hierzu. Die sollten sich an Bord der „Adrar" befinden, die vor Sylt auf Grund gelaufen war. „Tatsächlich hat Hitler, in jener Zeit ein machtpolitisches Doppelspiel getrieben: Deutschland ermunterte Italien zum Angriffskrieg und belieferte gleichzeitig Kaiser Haile Selassie von Äthiopien mit Waffen", schreibt Klaus Hildebrand über den Abessinienkonflikt. Italien begann 1935 Krieg gegen das Kaiserreich Abessinien, das heutige Äthiopien, und besetzte das Land. Ob die „Adrar" wirklich Waffen geladen hatte und wenn, für wen diese bestimmt waren, wurde nie abschließend geklärt.

Doch auch für die Entstehung dieses Namens gibt es eine weitere Variante: Im Zweiten Weltkrieg war der Strandabschnitt Kriegsschauplatz. Die Soldaten fühlten sich so fremd und so weit weg von der Heimat, als ob sie in Afrika wären, und nannten den Strand Abessinien.

Und schließlich noch „Sansibar": Die Besonderheit dieses Strandabschnitts ist das gleichnamige Restaurant und der in die Dünen gegrabene Weinkeller dieses Kult-Restaurants „Sansibar" von Herbert Seckler. Seckler, der Schwabe, soll sein Restaurant „Sansibar" genannt haben, weil alle Sylter für ihn Piraten sind. Und die sind in Sansibar ja bekanntlich in großer Zahl anzutreffen. Gut möglich, dass er bei der Namensgebung aber ursprünglich vom benachbarten „Samoa" inspiriert wurde.

Und damit sind wir auch schon bei „Samoa", dem Restaurant Seepferdchen und der Geschichte, die Dörte Hansen so faszinierend findet. Die beginnt mit Bruno Hansen, der zwar den gleichen Nachnamen hat wie Dörte, mit ihr allerdings nicht verwandt ist: Geboren wird dieser Bruno Hansen 1913 in Westerland, er stirbt 1985 in Rantum – und dazwischen liegt ein ausgesprochen erfolgreiches Leben!

Als Bruno Hansen aus dem Zweiten Weltkrieg zurückgekehrt war, stellte sich die Frage, wovon er seine Familie ernähren sollte. Kurzerhand beantragte er einen Gewerbeschein und pachtete den Strandabschnitt „Samoa". Dörte Hansen hat den alten Pachtvertrag ausfindig gemacht, in dem zu lesen ist: „Dünengelände südlich Rantum, westlich der ehemaligen Vogelkoje Pachtzins jährlich 75 Mark." 1955

„Um vier Uhr morgens hat er die Strandkörbe aus Hörnum geholt, dann ist er nach Samoa gefahren und hat sie einzeln zum Strand runtergetragen."

habe Bruno Hansen die Erlaubnis bekommen, in Rantum Strandkörbe aufzustellen. „Bis dahin gab es in Rantum noch keine Strandkörbe", erzählt Dörte Hansen, denn die Gäste hielten sich damals vor allem in Kampen oder Westerland auf. Hansen borgte sich welche in Hörnum aus, um sie mit einem geliehenen Traktor nach Rantum zu bringen. „Das musste er nachts machen", erläutert Dörte Hansen, „denn ab 7 Uhr morgens brauchte der Eigentümer seinen Traktor selbst." Das war aber nicht die einzige Einnahmequelle von Bruno Hansen: „Er kümmerte sich um die Verwaltung der Häuser von Feriengästen und besaß Reetwiesen. Damals begann schon der Bauboom auf Sylt, sodass er ein gutes Geschäft machte." Auch mit den Strandkörben lief es gut: „1959 konnte er sich schließlich eigene leisten." Doch auch das habe dem geschäftstüchtigen Sylter nicht ausgereicht: „Abends hat er Inselrundfahrten mit Touristen gemacht, und dann hat er sich aus Wehrmachtsbarackenteilen seine Strandbewirtschaftung aufgebaut. Seine Annemarie stand am Herd, Bruno selber war für die Gäste da. Das waren die Anfänge vom Restaurant Samoa Seepferdchen. Das Geschäft florierte, es sprach sich rum, was für eine tolle Gastfreundschaft einem bei Hansens widerfährt, eine mit Herz", blickt Dörte Hansen zurück.

Hansen pachtete den Parkplatz dazu, investierte, die Strandkörbe wurden immer mehr, 1978 schrieb Michael Jurgs in seinem Buch „Die Insel – Bilder, Geschichten, Menschen von Sylt": „Strandkörbe hat Bruno Hansen heute 640 Stück, keinen geliehen, alle erworben und bezahlt. Für den Parkplatz nimmt er zur Saison pro Auto und Tag zwei Mark, und kassieren tut er auch noch selber, ebenso wie seine Frau noch das ‚Seepferdchen' betreibt."

Und Dörte Hansen erzählt: „Neben seiner Firma war er auch als Strandvogt eingesetzt, sein großes Engagement galt dem Küsten- und Dünenschutz sowie dem Friesentum."

Heute vermietet die Familie keine Strandkörbe mehr und auch das „Seepferdchen" ist nicht mehr im Familienbesitz, wird aber mit genauso viel Liebe weitergeführt: Zuerst von dem legendären Karl (Kalle) Nissen-Hünding, jetzt von seinem Neffen Jan. Der sorgt schon dafür, dass sich seine Gäste wohlfühlen.

Eva-Maria Bast

So geht's zum Samoa-Schild:

Man entdeckt es, wenn man von Hörnum nach Rantum fährt, kurz vor Rantum auf der linken Seite. Der Strandabschnitt Sansibar befindet sich weiter südlich, Richtung Hörnum. Und Abessinien liegt zwischen Wenningstedt und Kampen.

Die Bäume scheinen noch heute den Blick auf das ehemalige Gefängnis zu „vergittern".

30

Ehemaliges Gefängnis
Schwedische Gardinen und syltige Namen

Auch auf Sylt herrscht nicht immer eitel Sonnenschein. Volker Frenzel, selbst jahrzehntelang Oberkommissar auf Sylt, war dabei, als in der Nacht zum Ostersonntag 1980 zwei amerikanische Hell's Angels versuchten, über den Hindenburgdamm zu entkommen. „Die Hell's Angels waren seit Karfreitag auf Sylt und standen völlig betrunken morgens um drei vor der Tür der Diskothek Riverboat in Westerland. Als sie dort nicht mehr reingelassen wurden, stürmten sie das Lokal. Der Discjockey und der Geschäftsführer wurden niedergestochen, der Geschäftsführer ist an seinen Verletzungen gestorben", berichtet er sachlich. Die Täter konnten damals zwar schnell ermittelt, aber nicht gefasst werden. Volker Frenzel und seinem Team war klar, dass die Hell's Angels versuchen würden zu Fuß zu fliehen. „Die Straßen hatten wir abgeriegelt, die Bahn und der Schiffsverkehr waren informiert, die Autoverladung wurde von uns überwacht. Sie konnten nur per pedes über den Hindenburgdamm die

Insel verlassen. Unsere Kollegen haben sofort in Klanxbüll Stellung bezogen. Und einige Stunden später sind ihnen die Hell's Angels durch den herrschenden Nebel quasi direkt in ihre Arme gelaufen."

Abgesehen von diesem schlimmen Verbrechen in der Jetztzeit hat es auf Sylt schon immer Menschen gegeben, die es mit Recht und Gesetz nicht so genau genommen haben. In Tinnum vermutet man den Thinghügel, auf dem einst Gericht gehalten worden sein soll. Ein weiterer ist in Wenningstedt zu finden (siehe Geheimnis 32).

Maren Jessen und die heutigen Bewohner Norbert Kuschel (rechts) und Volker Andersen kennen die Geschichte dieses Gebäudes.

Auch die Landvogtei hatte ab 1600 in dem Ort südöstlich von Westerland ihren Sitz. Der Landvogt sorgte für die Einhaltung der Gesetze und durfte ab 1744 als Justizbeamter selbst kleine Delikte verhandeln.

„Es macht also Sinn, dass es in Tinnum bis 1904 das Gefängnis der Insel gegeben hat, wahrscheinlich für gut einhundert Jahre, denn bis 1803 diente der Kirchturm von St. Severin in Keitum noch als Behausung für Straffällige", erklärt die Tinnumerin Maren Jessen, Mitglied im Vorstand der Söl'ring Foriining, dem friesischen Verein auf Sylt. Maren Jessen kann sich noch gut daran erinnern, wie ihr Großonkel Hermann, der um 1880 geborene Bruder ihres Großvaters, früher, als sie ein kleines Mädchen war, mit ihr zu dem Gebäude im Gartenweg gegangen ist. „Das war schon aufregend und unheimlich, wenn ich mir als Kind vorstellte, wie die Gefangenen dort wohl gesessen haben", gibt sie zu. Aber Großonkel Hermann wusste auch lustige Geschichten zu berichten. Maren Jessen erinnert sich: „Als kleiner Junge hat er mit seinen Freunden oft in der Nähe des Gefängnisses gespielt. Plötzlich hörten die Jungs dann ein lautes Rufen." Das Rufen kam aus dem Gefängnis. „Die Jungs sollten doch mal ans Gebäude kommen, sagten die Gefangenen. Und mein Onkel Hermann ging natürlich als neugieriger Junge auch hin." Entgegengestreckt wurden den abenteuerlustigen Tinnumer Jungs zusammengefaltete Geldscheine. „Kannst du für mich mal eben Kautabak besorgen?", war die Bitte der Inhaftierten, denn im Gefängnis durfte nicht geraucht werden. „Die Jungs, gar nicht bange, machten sich sofort auf den Weg und brachten den Kautabak auf dem gleichen Weg zurück in die Zelle, wie das Geld herausgekommen war", schmunzelt Maren Jessen.

Das Gebäude steht noch heute und hat wenig von seiner alten Form verloren. „Na ja", sagt der heutige Eigentümer Norbert Kuschel, „umgebaut habe ich schon vieles, früher hatte das Haus ein Reetdach und der Ziegelstein war zu sehen. In meinem Badezimmer gibt es aber bis heute eine Metallstange, die felsenfest in das Mauerwerk verbaut ist. Die stammt noch aus der Zeit, als mein Haus Gefängnis war." Nachdem das Gefängnis in Tinnum 1904 aufgegeben wurde, weil Westerland zum „Regionalen Amtssitz für Gericht und Gefängnis" wurde, kaufte Familie Matthiesen das Gebäude. Vater Matthiesen verdiente seinen Lebensunterhalt als Milchmann. Entweder hatte er zu viel zu tun oder war schlecht im Zeitmanagement. Jedenfalls dauerte es nicht lange, bis er von den Syltern „Ben Hur" getauft wurde, weil er bei seinen Fahrten jede Art von Verkehrsvorschrift geflissentlich übersah und mit seinem Pferdekarren durch die Inselstraßen sauste, was an den römischen Streitwagenfahrer erinnerte.

Aber zurück zu den ernsthaften Übeltätern auf Sylt. Die befanden sich in Norbert Kuschels heutigem Haus hinter Schloss und Riegel. „Ich kann mir aber nicht vorstellen, dass hier wirklich schwere Jungs gesessen haben. Kleine Diebstähle wurden hier geahndet oder wenn jemand so betrunken war, dass er den Weg nicht mehr nach Hause finden konnte", vermutet er. „Schwere Verbrecher hat man bestimmt auch damals schon aufs Festland gebracht", ist er überzeugt. Manche sind allerdings selbst in die Arme des Gesetzes gelaufen – wie die Hell's Angels bei ihrer Flucht über den Hindenburgdamm.

Wiebke Stitz

....

So geht's zum ehemaligen Gefängnis:

Das Haus von Norbert Kuschel steht im Gartenweg 3.

3|

Henriettenweg

Zarte Frau mit großem Ehrgeiz

Um fündig zu werden, muss man schon genau wissen, wo man suchen muss. Denn der Henriettenweg in Wenningstedt ist weder im Navi erfasst noch kennt ihn irgendjemand, den man in der Nähe des Weges fragt. Ganz einfach deshalb, weil er so klein ist. Dabei erinnert er an eine wahrhaft große Frau. Die hätte es zwar verdient, dass eine wesentlich größere Straße nach ihr benannt worden wäre, aber ein kleiner Weg ist immerhin besser als gar nichts. Wer also war diese Henriette?

Nach ihrer zweiten Eheschließung hörte sie auf den klangvollen Namen Henriette Therese Friederike Hirschfeld-Tiburtius, vor ihrer ersten Hochzeit hieß sie Pagelsen. Geboren wurde sie am 14. Februar 1834 in Westerland – und die Inselhauptstadt kann stolz auf diese Frau sein, die 35 Jahre später die erste approbierte Zahnärztin Deutschlands war. Und eine Kämpferin dafür, dass Frauen studieren dürfen.

Henriette lebt jedoch nicht lange auf Sylt: Sie ist noch ganz klein, als ihre Familie, die Pastorenfamilie Pagelsen, auf das Festland übersiedelt. 19-jährig heiratet sie, allein, die Ehe verläuft ausgesprochen unglücklich: Gatte Christian Hirschfeld ist dem Alkohol deutlich mehr zugetan als seiner jungen Frau, auch mit dem Hof geht es bergab. Schließlich tut Henriette etwas für diese Zeit ganz und gar Ungewöhnliches: Sie verlässt ihren Mann und reicht drei Jahre später, 1863, die Scheidung ein.

Geld hat sie keins, doch eine Freundin hilft ihr aus und nimmt sie in ihrer Berliner Wohnung auf, wo Henriette als Gesellschafterin arbeitet. Mit ihrer Stellung unzufrieden, fällt Henriette ein Zeitungsartikel über die englischen Schwestern Elizabeth (1821-1910) und Emily Blackwell (1826-1910) in die Hände: Die beiden haben in den USA Medizin studiert und praktizieren in New York – sie sind mit die ersten niedergelassenen Ärztinnen. In Henriette keimt der brennende Wunsch, es den Frauen gleichzutun: Ärzin zu werden, Zahnärztin. Nur – wie soll sie dieses Vorhaben in die Tat umsetzen? Frauen dürfen bis 1900 in Deutschland nicht studieren. Henriette will ihr Ziel aber um jeden Preis erreichen, ein Jahr lang paukt sie Englisch und Latein. „Und nach unzähligen Bittgängen hielt sie sogar eine Zusicherung des preußischen Kultusministeriums in Händen, dass sie in Berlin zur zahnärztlichen Praxis zugelassen würde, ‚falls sie von einem im guten Ruf stehenden College ein Zeugnis über ein absolviertes Studium würde vorweisen können'", zitiert Ruth Pons dieses Schreiben in der „ÄrzteZeitung".

Inzwischen 33 Jahre alt, packt Henriette ihre Koffer und reist per Schiff 1867 nach Amerika. Auch dort muss sie gegen große Widerstände ankämpfen, doch sie erreicht ihr Ziel und kann sich immatrikulieren. Sie ist die zweite Frau, die in Amerika Zahnmedizin studiert. Nach zwei Jahren schließt sie am 27. Februar 1869 ihr Studium ab. Sie ist gerade 35 Jahre alt geworden und darf nun den Titel „Doctor of Dental Surgery" führen.

Henriette kehrt nach Deutschland zurück. Ihre erste Praxis, das „Atelier zur Zahnbehandlung", eröffnet sie in der Behrenstraße 9 in Berlin und lässt vor allem ärmeren Frauen und Kindern ihr Wissen zuteilwerden. Sie erarbeitet sich einen hervorragenden Ruf und kann von ihrem Einkommen mehr als gut leben. Auch Kronprinzessin Victoria (1840-1901) wird auf die junge Dame aufmerksam und ernennt sie zu ihrer Hofärztin – gelegentlich darf Doktorin Henriette sogar Victorias Gatten, den späteren Kaiser Friedrich III. (1831-1888) behandeln.

Und auch die Liebe lässt nicht auf sich warten – ein Umstand, der 1872 zur Hochzeit mit ihrem Kollegen Karl Tiburtius (1834-1910) führt, ihren Namen zu dem äußerst klangvollen Henriette Therese Friederike Hirschfeld-Tiburtius komplettiert und ihr zu einem späten Mutterglück verhilft. Sie weiß die heute so viel diskutierte Vereinbarkeit von Familie und Beruf schon damals vortrefflich umzusetzen. Obendrein hat die Medizinerin auch noch ein großes Herz und setzt sich für die ärmere Bevölkerung ein. Außerdem ermutigt sie andere Frauen, ihren eigenen – durchaus auch akademischen – Weg zu gehen: Ihre Schwägerin Franziska Tiburtius (1843-1927) zum Beispiel immatrikuliert sich in Zürich zum Medizinstudium. 1876 schließt sie es ab und wird eine der ersten deutschen Ärztinnen mit eigener Praxis. Henriette und ihre Schwägerin gründen im gleichen Jahr zusammen mit Emilie Lehmus, (1841-1932) ihres Zeichens erste Medizinstudentin Deutschlands und erste Berliner Ärztin, eine Poliklinik, die erste übrigens, die von Frauen geleitet wird. Es folgen der „Verein zur Rettung minorenner Mädchen" (minorenn - unmündig) und das „Heimathaus für stellungsuchende Mädchen", das „Versorgungshaus für gefallene Mädchen und Frauen" und schließlich, 1881, eine Pflegestation für Frauen.

Sylt kann wirklich stolz auf diese Tochter sein und hat ihr einen – allerdings sehr kleinen! – Weg zugedacht. Seinen Namen erhielt der Weg übrigens am 9. Mai 2008, als in Westerland die 50. Jahrestagung der Zahnärztekammer Schleswig-Holstein stattfand, der heutzutage auch viele Zahnärztinnen angehören. Ganz selbstverständlich.

Eva-Maria Bast

....

So geht's zum Henriettenweg:

Der Henriettenweg zweigt Höhe Friedrichshain von der Uthlandstraße ab. Man erreicht ihn auch über die Bushaltestelle Waldstraße (Westerland).

Roger Florian und Uwe Clausen (von links) kümmern sich um den Denghoog und seine Geschichte.

32

Gerichtshügel

Ein Grab als Gerichtsort

E r ist ein beliebter Ort und zählt zu den Attraktionen der Insel: der Denghoog in Wenningstedt. Bekannt ist, dass er ein Hünengrab ist, bekannt ist, dass dieses aus der jüngeren Steinzeit stammt, bekannt ist auch, dass es vor etwa 5200 Jahren erbaut wurde. „Die Grabhügel aus dem Neolithikum (Jungsteinzeit), der Bronzezeit und der Wikingerzeit dominierten auf den weitgehend baumlosen Inseln die Landschaft", ist im von der Söl'ring Foriining herausgegebenen Flyer hünen.kulTour zu lesen. Und das trifft mit Sicherheit auch auf den Denghoog zu. Aber auch bei vermeintlich sehr bekannten Dingen gibt es Aspekte, die in Vergessenheit geraten: „Was kaum jemand weiß, ist, dass auf diesem Hügel früher vermutlich Gericht gehalten wurde", sagt Uwe Clausen, der sich gemeinsam mit Roger Florian um den Gerichtshügel kümmert und auch regelmäßig Führungen in seinem Innern anbietet. „In der Seefahrerzeit hat man immer auf den höchsten Erhebungen des Dorfes Recht gesprochen", erklärt er. „Man sagt ja auch, dass Recht gesprochen wurde, bevor die Seefahrer aufbrachen, damit vorher alle Rechtsstreitigkeiten vor Ort erledigt waren. Das muss man sich mal vorstellen, die haben hier Gericht gehalten und wussten vermutlich gar nicht, worauf sie da eigentlich stehen oder sitzen." Denn erstmals untersucht – von dem aus Hamburg stammenden Chemiker und Geologen Ferdinand Wibel (1840-1902) – wurde das Großsteingrab erst im September 1868, da war die Zeit des Walfangs praktisch vorbei. Heute weiß man, dass der Denghoog ein Megalithgrab ist.

„Die Grabkammer war 5000 Jahre lang geschlossen und dann kam dieser Geologe aus Hamburg – die Hamburger haben damals schon Urlaub auf Sylt gemacht – stieß bei einer Wanderung auf diesen Hügel

und fand, dass der nicht in die Sylter Landschaft passt", sagt Roger Florian. „Er hat eine Genehmigung für eine Grabung beantragt, und als seine Arbeiter so weit waren, hat er reingeleuchtet und da lag die noch unberührte Grabkammer vor ihm." Gebaut ist die Kammer aus zwölf Tragsteinen, drei mächtigen Deckensteinen und zwölf Randsteinen. Roger Florian führt mit Freuden Gäste hinein und ist jedes Mal aufs Neue beeindruckt: „Dieser

Hoch oben auf dem Denghoog wurde früher wahrscheinlich Gericht gehalten.

Hügel ist 5200 Jahre alt und somit etwa 1000 Jahre älter als die Pyramiden!"

Und wo kamen die Steine für das Grab her? Von der Insel doch sicher nicht? „Die gesamte norddeutsche Tiefebene bestand auschließlich aus Sand. Wir hatten überhaupt keine Steine hier", bestätigt der heimatinteressierte Sylter. „Und dann kamen die Eiszeiten. Diese Findlinge stammen aus der vorletzten Eiszeit, der sogenannten Saale-Eiszeit. Die hat ungefähr vor 300.000 Jahren angefangen und war vor 130.000 Jahren zu Ende. Die hat uns diese Findlinge hier hergeschoben aus Skandinavien." In 100 Jahren wandere ein Gletscher etwa 300 Meter und schiebe die Steine vor sich her. „Die Natur hat so viel Zeit", kommentiert Florian. An einem der Steine, die in den Seitenwänden verbaut sind, ist der Gletscherschliff noch ganz deutlich zu erkennen.

„Das muss man sich mal vorstellen, die haben hier Gericht gehalten und wussten vermutlich gar nicht, worauf sie da eigentlich stehen oder sitzen."

Seit den 1930er-Jahren kann man in das Ganggrab hineingehen. Vorausgesetzt, man ist nicht allzu beleibt, denn in das Grab gelangt man nur durch eine Öffnung im Dach, durch die man sich hindurchzwängen muss. Durch den ursprünglichen Eingang, einen schmalen und niedrigen Gang, müsste man nämlich kriechen.

Aber die Sonne bahnt sich durchaus ihren Weg durch diesen ursprünglichen Eingang. Ein ganz besonderes Erlebnis, findet Florian, sei es, die Wintersonnwende hier zu verbringen: „Dann scheint die Sonne durch diesen Gang und trifft auf den Glitzerstein, diesen Quarzit, hinten an der Wand. Dann ist die ganze Grabkammer erleuchtet." Das kann gewiss kein Zufall sein!

Eva-Maria Bast

So geht's zum Gerichtshügel:

Er befindet sich in der Straße „An der Friesenkapelle".

33

Turmbolzen

Klein, rund und rostig

Sie sind klein, rund, rostig und hängen etwa auf Kniehöhe sowohl an der Außenwand der Kirche St. Niels in Alt-Westerland als auch an der Friesenkapelle in Wenningstedt. In die Oberfläche sind die Buchstaben *TP* eingekerbt. „Das kennt keiner und wer es entdeckt, hat keine Ahnung, was es ist", ist sich Ernst Jacobsen, dessen Familie seit Generationen auf der Insel lebt, sicher. „Mein Vater war Kirchendiener in St. Niels. Er erzählte mir früher immer, dass es sich bei dem Metallbolzen, der sich an der Außenwand der Kirche St. Niels befindet, um eine Hochwassermarke handelt. TP, so meinte er, würde für Tidepunkt stehen."

Bis Mai 2016 glaubte Ernst Jacobsen an die Interpretation seines Vaters. Immerhin wurde Sylt im Laufe der Jahrhunderte von zahlreichen Sturmfluten heimgesucht. Nichts wäre naheliegender, als dass eines dieser Hochwasser an der Kirchenmauer verewigt worden wäre.

Doch der Vater von Ernst Jacobsen befand sich – wie man so schön sagt – auf dem völlig falschen Dampfer. TP, so fand Ernst Jacobsen gemeinsam mit seinem Freund Karl-Otto Schaller heraus, steht für Trigonometrischer Punkt.

„Hochwasser und Wenningstedt – da war mir sofort klar: Hier kann etwas nicht stimmen."

„Die ganze Geschichte angestoßen", erzählt Ernst Jacobsen, „hat die Recherche zu diesem Buch. Wir stießen dabei auch auf die Friesenkapelle in Wenningstedt. Bisher wusste ich nicht, dass es dort auch eine Marke mit der Bezeichnung TP gibt." Ernst Jacobsen und Karl-Otto Schaller fuhren hin. „Wenningstedt liegt ja viel höher als Westerland. Und das hat mich irgendwie stutzig gemacht", sagt Ernst Jacobsen. „Hochwasser und Wenningstedt – da war mir sofort klar: Hier kann etwas nicht stimmen." Zusammen recherchierten die beiden Freunde – und fanden eben das heraus: Es handelt sich nicht um Hochwassermarken,

---

Ernst Jacobsen kennt die Bedeutung dieses merkwürdigen Relikts.

TP: Für wen oder was stehen diese beiden Buchstaben?

sondern um Trigonometrische Punkte. Für sie steht das TP, das auf ihnen eingekerbt ist. (TP) und Nivellementpunkte (NivP) sind Vermessungspunkte der über die Landesfläche hinweg nach einheitlichen technischen Gesichtspunkten bestimmten Lage- und Höhenfestpunktfelder. Sie bilden die Grundlage der Landesvermessung und sind Voraussetzung für die Herstellung und die laufende Ergänzung von Landkarten und Katasterkarten. Auf ihnen beruhen der Nachweis und die Sicherung der Grundstücksgrenzen im Liegenschaftskataster.

Auf Nachfrage beim Landesamt für Vermessung und Geoinformation Schleswig-Holstein in Kiel bestätigt Diplom-Vermessungsingenieur Jens Schmidt: „Trigonometrische Punkte wurden durch Metallbolzen meist an dauerhaften und standsicheren Gebäuden angebracht. Man hat die Vermessungspunkte damals fest in Kirchenmauern verankert, weil es gesetzte Gebäude waren und man die Kirchturmspitzen gut sehen konnte. Sie standen im Dorfmittelpunkt und oft auf einer Anhöhe." Der trigonometrische Punkt an der Kirche St. Niels hat laut Landesvermessungsamt die Nummer TP 101505405. In Wennigstedt lautet die Nummer TP 101505605.

Die Buchstaben TP und ein Metallbolzen, über deren Bedeutung sich viele Generationen den Kopf zerbrochen haben. Ernst Jacobsen und Karl-Otto Schaller haben das Rätsel gelöst. Eine wahrhaft verdienstvolle Angelegenheit!

Eva-Maria Bast

So geht's zum Turmbolzen:

Je ein Turmbolzen befindet sich auf Kniehöhe an den Kirchen St. Niels in Westerland, Kirchenweg 37, und an der Friesenkapelle in Wenningstedt, Bi Kiar 9.

Henning Lehmann in seinem Rundhaus in Westerland, das eigentlich einen achteckigen Grundriss hat.

34

Rundhaus

Rundungen und die weibliche Oberweite

„Busenhäuser?! Diesen Begriff habe ich noch nie gehört!", lacht der Sylter Architekt Henning Lehmann, „es kann aber durchaus sein, dass die Häuser mit den auffällig runden Vorbauten auf Sylt diesen Namen tragen." Die Rede ist von Gebäuden, die neben ihrem zumeist rechteckigen Grundriss einen halbrunden Anbau haben. Von List bis Hörnum und Westerland bis Morsum sind sie überall auf der Insel verteilt. Das Haus, in dem Henning Lehmann wohnt, gehört zu einer weiteren Sonderklasse auf der Insel: Es ist eines von zwei Rundhäusern auf Sylt. „Eigentlich ist mein Haus vom Grund-

Außen wie innen eine „runde Sache": das Rundhaus.

riss her nicht wirklich rund, sondern achteckig. Das Dach und der Dachstuhl sind allerdings kreisförmig. Und da das Reetdach weit über das Haus hinausragt, wirkt das gesamte Gebäude kreisförmig und wird als Rundhaus bezeichnet." Nicht nur die Architektur des Hauses im Norden von Westerland ist spannend und außergewöhnlich, sondern auch seine Geschichte. Ursprünglich hieß es „Haus Stephanie", und realisiert wurde es für einen bis heute undurchsichtigen Bauherren: Stanley Joseph Grove Spiro. Spiros Leben ist so geheimnisvoll, dass wir ihm ab Seite 143 eine eigene Geschichte widmen. Der Südafrikaner ließ das Rundhaus 1932 nach einem Entwurf des Sylter Architekten Otto Heilmann errichten.

Seitdem sich die Insel ab Mitte der 1880er-Jahre immer mehr zur attraktiven Destination für Sommerfrischler entwickelt hat, bevorzugen gerade Künstler und Intellektuelle Kampen als Ferienort. „Zuerst kamen sie für einen Sommer, um dann für immer bleiben zu wollen", erklärt Henning Lehmann.

Die Unwissenheit vieler geborener Sylter über den tatsächlichen Wert ihrer vermeintlich minderwertigen Wiesen und Heideflächen ruft bereits 1890 die ersten auswärtigen Spekulanten auf den Plan. Der Erste Weltkrieg spielt ihnen in die Hände: Der Tourismus kommt aufgrund des Krieges zum Erliegen, die Umsätze, die er nach Sylt gebracht hat, fehlen, und die Kassen sind leer. Deshalb wird Land verkauft, zu ziemlich günstigen Preisen.

Otto Heilmanns Entwurf für das Rundhaus hat Spiro auf der Promenade in Westerland gesehen. Kaum ist das Haus fertiggestellt und nach Spiros Frau Stephanie benannt, kommt damalige Politikprominenz zu Besuch: die zweite Frau Emmy des Reichsmarschalls Hermann Göring (1893-1946). „Die Görings wollten auch ein Rundhaus, und Otto Heilmann sollte es bauen", erzählt Henning Lehmann, „aber daraus wurde nichts, angeblich wurde Göring nahe gelegt, dass ein solches Rundhaus nicht völkisch genug sei." Das wäre aus der Zeit heraus auch zu verstehen, denn eine Motivation des aus Südafrika stammenden Joseph Spiro, sich für ein Rundhaus zu entscheiden, könnte gewesen sein, dass es ihn an die Hütten in Afrika erinnert hat. Und afrikanische Hütten passten nach dem politischen Verständnis der 1930er-Jahre so gar nicht nach Deutschland.

Trotzdem baut Otto Heilmann für die Görings: Haus „Min Lütten" am Roten Kliff wird 1937 fertiggestellt, es ist nicht rund, hat aber einen halbrunden Vorbau, den einige Sylter als „Busenhaus" bezeichnen. „Grundsätzlich ist es so, dass Reet als Material zum Dachdecken den Architekten viel mehr Möglichkeiten gibt als festes Ziegelmaterial. Deshalb konnte damals auf Sylt architektonisch mit Reet experimentiert werden und einige spannende Dachgestaltungen entstanden", erläutert Henning Lehmann. Hinzu kam, dass die Zeit und die Menschen, die auf Sylt bauen ließen, neugierig auf Außergewöhnliches waren und zumeist keine finanzielle Not litten. Die Flensburger Kammersängerin Emmi Leisner (1886-1958) war die erste, die finanzielle Mittel, Experimentierfreude und den passenden Architekten zusammenbrachte. „So entstand 1928 überhaupt das erste Rundhaus in Kampen im Hoogenkamp: Das Haus Seeigel, gebaut von Walther Baedeker", erklärt der Sylter Architekt das Phänomen, dass es ausgerechnet auf der nordfriesischen Insel Sylt so viele ungewöhnliche Bauten gab und teilweise heute noch gibt.

Henning Lehmann selbst hat nicht nur sein Architekturbüro in dem Rundhaus in Westerland, sondern lebt dort auch mit seiner Familie. Was macht den Unterschied zwischen dem Leben und Arbeiten in einem eckigen oder einem runden Haus aus? Wieder lacht der vielbeschäftigte Architekt und beschreibt es so: „Wir Menschen haben gewisse Sehgewohnheiten. Wenn wir einen Raum betreten, heftet sich unser Blick an eine Ecke, um sich zunächst einmal zu orientieren. Das kann man in einem runden Raum nicht, doch der Betrachter fühlt sich trotzdem schnell behaglich, denn das Rund strahlt eine große Harmonie aus." Und das hat es mit den weiblichen Formen durchaus gemein.

Wiebke Stitz

So geht's zum Rundhaus:

Es liegt in der Norderstraße 65. Man findet es, wenn man von Westerland aus Richtung Wenningstedt fährt, auf der linken Seite.

35

Werbetafel

Begehrtes weibliches Diebesgut

D iese blonde Schönheit müsste eigentlich überall dort, wo sie auftaucht, mit einem Warnschild versehen werden, damit die Begehrlichkeiten, die sie auslöst, nicht den Straßenverkehr zum Erliegen bringen. Sie zeigt zwar hauptsächlich ihre Rückenansicht, doch auch die lässt erkennen, dass sie äußerst gut gebaut ist und sich jung und lebensfroh in die Nordseefluten stürzt. „Auch ein schöner Rücken kann eben entzücken" – daran ändern auch die weit mehr als eine Handvoll Jahrzehnte nichts, die sie mittlerweile auf ihrem so attraktiven Buckel hat. Die Rede ist von der „Badenden Venus", der Hauptfigur einer Werbekampagne, die der Fremdenverkehrsverein Westerland 1952 in Auftrag gegeben hat und die seit einer insularen Initiative Anfang der 2000er-Jahre – nun als Werbetafel aus Blech – die Ortseingänge der Inselhauptstadt ziert.

Harald Hentzschel kennt die Aufmerksamkeit, die das Werk seines Vaters auslöst: „Das Plakat hat international für Westerland geworben und stand damals quasi als Synonym für die ganze Insel. Während man in Mittenwald die Plakate als so frivol empfand, dass sie nachts abgerissen wurden, haben die Italiener sie zwar auch entfernt, aber aus ganz anderen Gründen: Sie waren von der nackten Bella Bionda einfach begeistert und wollten sie für sich haben." Diese Begeisterung hält bis heute an, die schöne Unbekannte schmückt nicht nur die Ortseingänge nach Westerland auf großen Werbetafeln, sie prangt auch auf Taschen, Postkarten und Bechern. Geschaffen wurde sie von Hans Hentzschel, seines Zeichens Werbe- und Plakatmaler. „Heute würde man Grafik-Designer sagen", erklärt sein Sohn Harald, „mein Vater hatte schon als kleiner Junge angefangen zu zeichnen und bis zu seinem frühen Tod 1973 damit auch nicht aufgehört. Wenn er Zeit hatte, war er kreativ." Diese Auszeit war für Hans Hentzschel mehr als knapp bemessen. Seine Mutter heiratete in zweiter Ehe den Inhaber des bekannten Westerländer Hotels „Stadt Hamburg", und es war schnell klar, dass Hans das

Damals wie heute heißt die badende Venus die Gäste willkommen.

Haus übernehmen sollte. „Darüber gab es keine Diskussion, das war Pflichterfüllung", erzählt Harald Hentzschel heute.

Westerland befand sich nach Ende des Zweiten Weltkriegs in wirtschaftlich schwierigen Zeiten. Die Gäste blieben aus, die Währungsreform stand an, Flüchtlinge drängten auf die Insel. Im August 1950 waren auf Sylt 1032 Männer und 118 Frauen erwerbslos, eine Zahl, die heute für die Insel unvorstellbar ist, mehrere hundert Jobs, vor allem in der Gastronomie, bleiben heutzutage Jahr für Jahr unbesetzt.

Doch es ging langsam bergauf, der Fremdenverkehr wurde wieder zur Inseleinnahmequelle Nummer eins, vor allem als Westerland die gute Nachricht bekam, dass es als Heilbad anerkannt werden sollte. Peter Schröder, den die Sylter in inseltypischer Manier nur „Peter Fremd" nannten, war Geschäftsführer des neu entstandenen Westerländer Fremdenverkehrsvereins und erkannte schnell die Notwendigkeit des touristischen Marketings. Eine Werbekampagne musste her, die Entwicklung eines geeigneten Plakats wurde international ausgeschrieben und – wie hätte es passender sein können – von dem Sylter Hans Hentzschel gewonnen. Sein Entwurf zeigte – genau: eine junge, blonde Frau, die sich in die Fluten der Nordsee stürzt. „Mein Vater hatte zwei Entwürfe gemacht: einen mit und einen ohne Badekleidung. Die Wahl fiel auf den ohne Bikini", schmunzelt Harald Hentzschel.

Das Original, das sein Vater zeichnete, hängt heute bei Harald Hentzschel im Hotel Stadt Hamburg in Westerland.

Grund dafür könnte die Zunahme an Badegästen auf der Insel gewesen sein, die ihrer textilen Badebekleidung nicht mehr so viel Aufmerksamkeit schenkten: Die Kleiderhüllen am Strand fielen immer häufiger, das FKK-Baden hielt offiziell Einzug auf Sylt.

Für die Sylter war das eigentlich nichts Neues. Schon um 1850 empfahl der Keitumer Arzt Jenner: „Unter allen Umständen bade man ohne Kleider. Ausgenommen sei hierin allein eine Wachstuchkappe für das Haar der Damen. Denn nicht nur hindern die Kleider, auch wenn sie noch so dünn sind, die Wirkung des Wellenschlages, sondern sie vereiteln gar leicht den Erfolg des ganzen Bades dadurch, daß sie den durch Wellenschlag erwärmten Körper durch das Anschlagen im nassen Zustand beim Hinausgehen aus dem Wasser wieder durchkälten."

Doch nach diesem ersten FKK-Bekenntnis kehrten die Sitten sich wieder um, Männer und Frauen mussten getrennt voneinander baden, wenn auch die Badekleidung immer kürzer wurde (siehe Geheimnis 40). Der Reichsführer SS Heinrich Himmler legalisierte 1942 das Nackt-baden mit einer „Polizeiverordnung zur Regelung des Badewesens".

Sylt wurde vom FKK-Kult überspült wie der Strand von den Wellen. FKK-Strände von List bis Hörnum entstanden, und wenn sie von Menschen mit Badekleidung betreten wurden, umzingelten die Nackedeis diese so lange, bis auch sie die Hüllen fallen ließen. Der Kolumnist Martin Morlock beschreibt es so: „Teilnahmslos, als wäre Kampens Nacktstrand die Hamburger Mönckebergstraße, schwebt ein primäres Geschlechtsmerkmal am anderen vorüber, und wenn ein dazugehöriges Augenpaar, statt der Quallen zu achten, versehentlich seitwärts schweift, meint man, es blicke in ein Schaufenster voller Büromöbel."

Heute sind ein Drittel der Sylter Strände FKK-Bereich und der Strandabschnitt bei Buhne 16 belegt Rang 2 der schönsten FKK-Strände der Welt. Platz 1 als schönste Werbetafel der Insel belegt die „Badende Venus" von Hans Hentzschel. „Meinen Vater hätte es sicher sehr gefreut, wenn er noch erlebt hätte, dass sein Plakat noch heute für Westerland wirbt", ist sich Harald Hentzschel sicher, der in die Fußstapfen seines Vaters getreten ist und die Geschicke im „Hotel Stadt Hamburg" in Westerland leitet. Auch sein Terminkalender ist ausgebucht, doch wenn es eine Lücke gibt, macht der Sohn es wie der Vater: Er ist kreativ. Harald Hentzschel fotografiert mit der gleichen Leidenschaft, mit der sein Vater malte. Die außergewöhnlichen schwarz-weißen Sylter Landschaftsbilder, die dabei entstehen, lösen bei dem Betrachter ebenso ein Verlangen aus wie die „Badende Venus" seines Vaters. Nur auf einer anderen Ebene.

Wiebke Stitz

So geht's zu den Werbetafeln:

Sie stehen an den Ortseinfahrten am Straßenrand.

36

Schwarzer Engel

Metamorphose eines Stücks Moorholz

E in schwarzer Engel mit goldenem Streifen. Er steht im Garten der Dänischen Kirche in Westerland und lässt den Vorbeieilenden innehalten, verweilen, in der Betrachtung versinken. Denn dieser schwarze Engel ist nicht nur ein schönes Kunstwerk, er hat auch eine Ausstrahlung, der man sich kaum entziehen kann. Und seine Geschichte ist ausgesprochen bewegt, Pastor Jon Hardon Hansen kann sie bis ins letzte Detail erzählen.

Eigentlich beginnt die Geschichte des Schwarzen Engels damit, dass um die Jahrtausendwende alle Ulmen auf Sylt vom Käfer so stark befallen waren, dass nur noch das Abholzen blieb. Auch auf dem Gelände der Dänischen Kirche standen drei Ulmen, die weichen mussten. Doch die Sylter machten aus der Not eine Tugend: Künstler schufen aus dem Holz Skulpturen. „Daraus sind die Keitumer Skulpturtage entstanden", erzählt Pastor Hansen. Schnell sei die Idee geboren worden, aus den Ulmen, die auf dem Gelände der Dänischen Kirche gestanden hatten, einen Engel zu schaffen. „Doch ein professioneller Künstler riet uns ab", blickt Hansen zurück. „Er warnte uns davor, dass das Ulmenholz bei unserer Witterung draußen höchstens 15 Jahre halten würde. Er riet uns, eine Skulptur aus Stein anfertigen zu lassen oder aus irgendeinem Hartholz. Wir entschieden uns, die Erstellung der Skulptur auszuschreiben."

Und nun kommt der inzwischen verstorbene Bildhauer Christian Duwe ins Spiel: Als der von seinen Freunden auf den Wettbewerb der Dänischen Kirche angesprochen wurde, rief er: „Ich habe eine Mooreiche, die wie ein Engel aussieht", blickt Pastor Hansen zurück. Alle waren begeistert: „Ein Engel, von unserem Herrn erschaffen!" Auch der goldene Streifen, der sich längs über seinen Leib zieht, sei natürlichen Ursprungs, ein Keil im Holz, den Duwe golden eingefärbt habe, zudem sei „Gold ja auch eine liturgische Farbe", freut sich Hansen.

Am 3. Oktober 2001 war es dann so weit: Der Schwarze Engel wurde eingeweiht. Später, als das Holz marode wurde, fertigte man in

....

Pastor Jon Hardon Hansen liegt der Schwarze Engel am Herzen.

Dänemark einen Abguss aus Bronze, das Original kam ins Danewerk-museum in Dannewerk bei Schleswig. „Da steht der originale Schwarze Engel jetzt in der Minderheitenausstellung." 2011 wurde die Bronze-figur im Garten der Dänischen Kirche eingeweiht.

„Ein Flügel ist uns abgenommen worden im Paradies, als wir vom Apfel gegessen haben."

Damit ist die Geschichte aber noch nicht zu Ende: „Der Engel wurde von der Weberin Margit Zywina gewebt", erzählt der Pastor. Das Kunstwerk sollte als Wanderengel in verschiedenen Kirchengemein-den hängen. Die erste Station war die Friesenkapelle in Wenningstedt. Doch aus dieser wurde der gewebte Engel Ostern 2002 gestohlen. Hansen ist sich sicher, dass er unmittelbar danach von der Insel gebracht wurde. „Der war so bekannt, den hätte der Dieb nirgends aufhängen können, ohne erkannt zu werden." Margit Zywina hat einen neuen Engel gewebt. Der hängt – unter Aufsicht – im Muasem Hüs in Morsum, in dem die Weberinnen heute sitzen. Ein Schutzengel, von Weberinnen bewacht!

Nun gibt es also fünf Schwarze Engel: das Original im Museum, einen weiteren am Grab des Künstlers, den gestohlenen gewebten, den bewachten gewebten und den Bronzeguss im Garten der Dänischen Kirche. Dessen großer Flügel zeigt auf den Glockenstapel – die Däni-sche Kirche hat keinen Kirchturm, sondern einen Glockenstapel im Garten stehen – der kleine Flügel weist auf die dänische Stallkirche. „Der Engel verbindet beides", sagt Pastor Hansen nachdenklich. „Und wir Menschen, wir sind ja irgendwie alle Engel mit nur einem Flügel. Ich sage immer: Ein Flügel ist uns abgenommen worden im Paradies, als wir vom Apfel gegessen haben. Der liegt dann da oben und wartet auf uns, aber wenn wir uns umarmen in Liebe, dann können wir auch fliegen. Dann sind wir wieder ein kompletter Engel."

Eva-Maria Bast

. *So geht's zum Schwarzen Engel:*

Er steht im Garten der Dänischen Kirche, im Rosenweg 5.

Hella Roßberg vor der Tür, die damals in die Waschküche mit den Lebensmitteln führte. Heute ist sie ihre Eingangstür.

37

Offene Türen

Afseten – auf gute Nachbarschaft

Eigentlich braucht man auf Sylt keine Angst vor Einbrechern zu haben. Die Langfinger haben es schwer, nach einem Beutezug die Insel unauffällig zu verlassen, da die Wege zum Festland sehr überschaubar sind. Trotzdem werden heute die Zugänge zu den Häusern genauso gesichert wie auf dem Festland. Früher war das anders, da wurden Türen nicht verschlossen, weder die Haus- noch die Keller- und schon gar nicht die Hintertür. Wenige alteingesessene Sylter handhaben es auch heute noch so: Gehen sie zum Nachbarn, wird nicht geklingelt, sondern einfach die Tür geöffnet

– und ab geht's in die gute Stube. Anständigerweise rufen sie beim Eintreten: „Bist du da?" Hella Roßberg kann sich an diese Sitten noch gut aus ihren Kindertagen in der Norderstraße 26 in Westerland erinnern: „Was ich als Kind erlebt habe, war auf Sylt meines Wissens nach gang und gäbe: In der Nachbarschaft standen immer alle Türen offen. Nur in speziellen Momenten der Zweisamkeit oder wenn man baden ging, wurde die Tür verschlossen, damit man sich und den Nachbarn peinliche Momente erspare."

Sylter Türen – für Familie und Nachbarn standen sie früher immer offen.

Hella Roßberg weiß aber auch noch einen anderen Grund, der offene Türen notwendig machte: „Die Sylter hatten früher nicht viel zum Essen, das Leben auf Sylt war ärmlich. Weil die Böden auf der Insel karg sind, konnte nicht jeder unterschiedliches Gemüse, Obst und Getreide anbauen, um sich und die Seinen zu ernähren. Also taten sich Familien oder die Nachbarschaft zusammen und gingen das Bewirtschaften ihrer Gärten mit einem ausgeklügelten System an." Der eine pflanzte Kartoffeln, der andere züchtete Beeren und der dritte ließ Salat in seinem Garten wachsen. War Erntezeit, wurde „die Beute" gerecht an alle Beteiligten verteilt. „Wenn wir nach Hause kamen, lagen in der Waschküche immer andere Lebensmittel. Die hatten uns die Nachbarn gebracht, weil sie wussten, dass wir nach der Ernte auch zu ihnen kommen und unsere Lebensmittel mit ihnen teilen würden." Die Familie von Hella Roßberg hatte für die feldfrische Lieferung eine spezielle Schale aufgestellt, damit klar war: Schale voll – die Ernte ist erfolgt; Schale leer – es dauert noch ein bisschen. „Gerade im Sommer gab es jeden Tag etwas anderes, was ich in der Waschküche finden konnte", erinnert sie sich gerne.

Doch auch ohne Essensanlieferung gingen die Sylter sich häufig gegenseitig besuchen. Der Brauch heißt im Sylter Friesisch „Afseten", übersetzt so viel wie Aufsitzen im Sinne von Dabeisein. Hella Roßberg: „Die Nachbarn luden sich Abend für Abend reihum ein, um gemeinsam zu schnacken. Jeder war einmal dran und natürlich versuchte jeder

Gastgeber, besondere Dinge anzubieten und so die Vorgänger zu über-trumpfen", lacht sie, „aber im Grunde ging es um die Gemeinsamkeit und nicht um den Wettkampf, wer der beste Gastgeber wäre." Auch sonst standen die Häuser offen und man spazierte besuchsfreudig ein-fach hinein in die gute Stube. Sollte der Hausherr oder die Hausfrau nicht zugegen sein, ging es ab in die Küche – und schon kochte das Teewasser auf dem Herd. Den Begriff „Self-Service" kannten die Sylter zwar noch nicht, praktiziert haben sie ihn trotzdem. Nach einer gemüt-lichen Teestunde im Esszimmer des nachbarlichen Hauses war entwe-der der Hausbesitzer inzwischen zu einem Schwätzchen eingetroffen und freute sich über die gedeckte Teetafel, oder der Besucher verließ die gastliche, aber menschenleere Stätte wieder. Das tat er jedoch nicht, ohne eine Nachricht zu hinterlassen. „Meist wurde dafür aus herum-liegenden Zeitungen einfach eine Ecke abgerissen und kurz geschrie-ben, dass man da war. Das reichte schon", denkt Hella Roßberg gerne zurück an die früheren Jahre.

Damals war „Afseten" auf der Insel ein gängiger Begriff, denn es wurde auf Sylt noch Sölring, die Sprache der Friesen, gesprochen. Viele Kinder lernten erst in der Schule Deutsch und kamen bis dahin mit Sölring gut durch's Inselleben. „Für uns kam gar nichts anderes in Frage", sagt Hella Roßberg. Auch sonst denkt sie gerne an ihre Kindheit zurück: „Meine Urgroßmutter war die allererste Hebamme hier auf der Insel. Wenn in List ein Kind geboren werden sollte, kam der werdende Vater mit Pferd und Wagen nach Westerland, holte meine Urgroßmutter ab und fuhr mit ihr zurück nach List. Manchmal war das Baby allerdings schon vor den beiden da", lacht sie und fährt fort: „Irgendwie waren früher alle viel mehr füreinander da. Deswegen hat es mit dem Afseten in der Nachbarschaft ja auch so gut geklappt."

Wiebke Stitz

....

So geht's zur (ehemals immer) offenen Tür:

Die Tür befindet sich in der Norderstraße 26. Den Anbau, in dem das Essen abgestellt wurde, gibt es heute noch. Er ist von der Straße aus als Gebäude links auf dem Grundstück zu sehen.

BERLIN
516
km

38

Berliner Bär

Sylter Exemplar einer großen Familie

Er steht auf den Hinterbeinen, die Schnauze hat er nach oben gereckt, als blicke er jenen neugierig entgegen, die da die Stufen vom Haupt-Strandübergang hinunterspazieren. Doch gehen die meisten Badegäste achtlos an ihm vorüber. Sie wundern sich weder über das in Stein gemeißelte Pelztier noch darüber, dass darunter in großen Lettern *BERLIN 516 km* geschrieben steht. Was haben ein Bär und Berlin mit der einzigen Stadt Sylts zu tun? – Immerhin ist Berlin die Hauptstadt Deutschlands und Westerland die der bekanntesten deutschen Insel! Ist das der Grund? „Nein", schmunzelt Klaus Lorkowski, der als freier Journalist für die „Sylter Rundschau" arbeitet und sich ausführlich mit dem Bären beschäftigt hat, „es ist eine Art Gedenkstein für das damals geteilte Deutschland. Der Stein ist 1956 entstanden, zu Zeiten des Kalten Kriegs." Das erklärt auch die Haltung des Bären: „Klar, dass sich in solchen Zeitumständen das Berliner Wappentier nicht kuschelig am Boden räkeln durfte." Inzwischen ist der Kalte Krieg zwar vorbei, aber der Bär steht noch immer. Geschaffen hat ihn die „bedeutende impressionistische Tierplastikerin", wie Lorkowski sie nennt, Renée Sintenis (1888-1965). Und zwar nicht nur diesen einen. Die Bärenfamilie ist groß und ihre Geschichte geht so:

Der Berlin-Beauftragte des Deutschen Bundestages, Gerd Bucerius (1906-1995), tut 1954 die Absicht kund, an Autobahnen in regelmäßigen Abständen Steine aufstellen zu lassen, auf denen ein Berliner Bär abgebildet ist. Der „Zeit" ist das einen Artikel wert: „Das Wappentier Berlins, der Bär, hat eine neue Aufgabe bekommen: Er soll uns aus seiner heraldischen Beschaulichkeit an den Autobahnen an die Stadt seiner Herkunft, an den schweren Existenzkampf ihrer Bewohner und damit an das Schicksal unseres geteilten Vaterlandes erinnern." Weiter berichtet der Journalist: „Alle 100 Kilometer wird an den Autobahnen ein Meilenstein mit dem von Renée Sintenis geschaffenen Berliner Bär stehen, dazu die jeweilige Entfernung vom Berliner Dönhoff-Platz."

Klaus Lorkowski hat ihn richtig gern,
den Berliner Bären.

Bis in die 1980er-Jahre werden mehr als hundert solche Bären-Kilometersteine in ganz Deutschland aufgestellt. Nach der Wende verschwinden aber etliche, wobei immer noch mehr als 250 vorhanden sind. Und einer davon steht eben in Westerland auf Sylt. „Übrigens", ergänzt Klaus Lorkowski, habe Renée Sintenis zur Insel eine ganz

Der Berliner Bär in Westerland.

besondere Verbindung gehabt. „Seit den 1930er-Jahren zog es sie jeden Sommer ins Haus Kliffende nach Kampen." Und weiter hat er recherchiert: „Die Hausherrin Clara Tiedemann erzählte, dass sie es sich morgens gerne mit englischen Romanen und Kreuzworträtseln am Strand gemütlich machte und abends bevorzugt Pfefferminztee trank." Auch habe Renée Sintenis auf Sylt viel skizziert. „Clara Tiedemann berichtete aber aus den zahlreichen Gesprächen, dass die Bildhauerei ihr eigentliches Metier gewesen sei und sie gesagt habe: Ich muss was Festes in der Hand haben."

Und die 516? Warum ist diese Zahl auf dem Stein eingemeißelt? Die Erklärung ist nicht schwer zu finden, schließlich handelt es sich um einen Kilometerstein. Der Sylter Journalist bestätigt: „Von hier sind es 516 Kilometer nach Berlin." Kein Wunder, dass der Stein hier noch immer zu finden ist, denn während seine Familienangehörigen an stinkenden Autobahnen stehen und allenfalls vorbeirasenden Autos hinterherblicken dürfen, hat der Sylter Bär am Strand ein schönes Plätzchen gefunden und darf den Reichen und Schönen entgegenblicken. Wer würde diesen Platz schon freiwillig aufgeben?

Eva-Maria Bast

So geht's zum Berliner Bären:

Er steht am Strandübergang beim Hotel Miramar. Man kann ihn direkt an der Treppenanlage zum Strand entdecken. Zum Strandübergang gelangt man, wenn man die Friedrichstraße bis zum Meer geht.

Das Haus, das für einen möglichen Spion erbaut wurde:
Haus Stephanie.

39

Haus Stephanie
Liebe, Spionage und ein falscher Buckel

Dieses Sylter Geheimnis ist eine Verfilmung wert. Nicht nur, dass sich die Ereignisse auf Deutschlands bekanntester Ferieninsel sowie rund um die Welt abgespielt haben, sie enthalten auch alle Komponenten, um Zuschauer in ihren Bann zu ziehen. Natürlich geht es zuerst um Liebe, dann aber auch um einen tragischen Tod und letztlich um kriminelle Machenschaften und Spionage: Die österreichische Leopoldine Konstantin ist Anfang der 1920er-Jahre eine gefeierte Schauspielerin auf den Bühnen zwischen Wien und Berlin. Zu ihren zahlreichen Verehrern gehört auch ein kleiner, dicklicher Mann aus Südafrika: Stanley Joseph Grove Spiro, von dem niemand weiß, wann er geboren wurde, und dessen Leben zahlreiche Geheimnisse birgt, die bis heute nicht ans Licht gekommen sind. Als Leopoldine sich ein Haus auf Sylt baut, tut es ihr Verehrer ihr gleich. Keine 200 Meter entfernt lässt Spiro das „Haus Stephanie" errichten (siehe Geheimnis 34), benannt nach seiner Frau, denn sowohl Spiro als auch Leopoldine sind verheiratet.

Schnitt. 3. Januar 1980: Auf einer Parkbank an der Hamburger Alster wird eine Leiche gefunden. Es ist Axel Springer Junior, der älteste Sohn des Verlegers Axel Cäsar Springer, der sich den Künstlernamen Sven Simon zugelegt hat. Sven Simon hat sich erschossen, es gibt keinen Abschiedsbrief, die Gründe für die Selbsttötung bleiben im Dunkeln.

Sven Simon war Fotograf und hat das Buch „Sylt – Abenteuer einer Insel" herausgegeben. Er berichtet, dass Stanley Joseph Grove Spiro als Sohn eines wohlhabenden jüdischen Schafzüchters in Südafrika geboren wurde. 1926 geht Spiro nach seiner Zeit bei dem Royal Flying Corps nach London. Der „Bankier mit Yacht und Privatflugzeug" lebt

Henning Lehmann, der heute hier wohnt und arbeitet, kennt die Geschichte von Stanley Joseph Grove Spiro.

im absoluten Luxus, das Beste ist für ihn gerade gut genug. Obwohl Spiros Frau Stephanie 1928 Sohn Rex zur Welt bringt, lässt sich ihr Mann weiterhin von anderen Frauen faszinieren. Eben auch von Leopoldine Konstantin. Das Haus, das Spiro extra in ihrer Nähe errichten lässt, wird allerdings überwiegend von seiner Frau Stephanie und Sohn Rex bewohnt, Spiro selbst verbringt nur verlängerte Wochenenden auf Sylt. Die Summen, die die Spiros für die Bewirtung von Gästen und für ihren Lebensunterhalt ausgeben, sind stattlich. Die Sylter geben dem Herrn des Hauses bald den Spitznamen „Graf Spiro", vermutlich eine falsch verstandene Version seines eigentlichen Nachnamens Grove Spiro, aber auch in anderer Hinsicht durchaus passend.

Henning Lehmann, der als Architekt auf der Insel lebt, ist von der Geschichte des ehemaligen „Hauses Stephanie" fasziniert. 2014 hat er es gekauft. „Die Oma meiner Nachbarin war Näherin und hat für Haus Stephanie damals die Vorhänge gemacht. Aber Spiro zahlte seine Rechnungen nicht. Das ging so weit, dass die Oma selbst nach London gereist ist, um bei ihm das Geld einzutreiben. Mit Erfolg!", schmunzelt er.

Allerdings wusste Spiro sich mit der politischen Elite auf Sylt gut-zustellen: Emmy Göring, die zweite Frau des Reichsmarschalls Hermann Göring (1893-1946) kam zum Tee, und am Strand wurden die Sandburgen mit Hakenkreuzen geschmückt.

Sven Simon berichtet weiter, dass Spiro im Laufe der Jahre zum wichtigsten und mächtigsten Finanzmagnaten der Londoner City auf-steigt – und kriminelle Handlungen begeht, indem er seine Kunden betrügt. Warum Spiro das tut, bleibt ebenfalls eines der zahlreichen Geheimnisse seines Lebens. Scotland Yard setzt sich auf Spiros Spur und erwirkt einen Haftbefehl wegen Aktienbetrugs. Doch Spiro wäre nicht Spiro, wenn er nicht Informanten hätte, die ihn warnen. So flieht er fast einmal um die Welt. Als er auf Höhe Flensburg die Grenze überschreitet, verhaftet ihn die Gestapo, weil er für einen österreichi-schen Spion gehalten wird. Spiro entkommt, flieht nach Venedig und kehrt von dort aus nach England zurück, wo er sich seinem Prozess stellt. Das Urteil lautet auf acht Jahre Gefängnis wegen Betrugs. Doch nach nicht einmal der Hälfte der Zeit ist Spiro ein freier Mann. Dazu schreibt Sven Simon: „Vor dem Gefängnistor enthüllt Spiro selbst den Grund: geheime Sylt-Informationen." Spiro sagt in einem Zeitungs-interview: „Während ich im Gefängnis saß, lieferte ich den Behörden Informationen über militärische Bauvorhaben auf Sylt. Ich hatte erkannt, dass meine Erkenntnisse von nationaler Bedeutung waren (...) Hinterher wurde Sylt bombardiert."

Am 17.12.1948 stirbt Stanley Joseph Grove Spiro, fünf Jahre spä-ter verkauft Sohn Rex das Haus in Westerland. Erst wird es zum legen-dären Restaurant „Hardys", jetzt gehört es dem Architekten Henning Lehmann, der hier sein Büro hat. „Wir haben auch viele spannende Projekte auf Sylt – aber so nervenzehrend wie das Leben meines Haus-erbauers sind sie Gott sei Dank nicht!", beendet er die Geschichte, die ganz sicher Stoff für einen Blockbuster ist.

Wiebke Stitz

So geht's zu Haus Stephanie:

Haus Stephanie hat die Adresse Norderstraße 65.

40

Ehemaliger Übergang
Links die Damen, rechts die Herren!

„**D**er Damenstrand und die angrenzenden Dünen sind während der Badezeit streng abgesperrt (...) die an den Dünen gelegenen Wege nach dem Damen-, sowie dem Herrenbade sind durch Wegweiser angegeben." Volker Frenzel blickt auf das „Reglement für das Seebad zu Westerland auf Sylt pro 1870" und kann sich ein Lächeln nicht verkneifen, wenn er an die Entwicklung der Badekultur auf Sylt denkt. „Das waren schon strenge Sitten damals", schmunzelt er. „Wenn die Verfasser geahnt hätten, dass nur einige Jahrzehnte später das Nacktbaden auf Sylt Furore macht, hätten sie sicher nur ungläubig den Kopf geschüttelt und wären rot angelaufen." Der gebürtige Sylter steht am Strandübergang Käpt'n Christiansen-Straße in Westerland. „Früher hätte ich hier nicht langgehen dürfen, da war dieser Weg nur Frauen vorbehalten, die das Damenbad besuchen wollten. Die Männer hatten ihren eigenen Weg weiter nördlich, die heutige Johann-Möller-Straße." Geschlechtertrennung und strenge Sittsamkeit waren Mitte des 19. Jahrhunderts bei der Entstehung des Seebades Westerland oberstes Gebot. Doch schon vor der offiziellen Gründung des Badeortes bereisten Fremde die Nordseeinsel und erlebten sie wie Johann Heinrich Zedler im Jahre 1744: „Sylt, eine Insel auf der Nord-See (...) hat etwan 1700 Einwohner, die auch besonders gekleidet sind und sich meistens von dem Austernfange in der Nähe, oder von dem Wallfischfang bey Grönland nähern (...) Im Sommer findet man fast keine erwachsene Mannsperson zu Hause, ausgenommen der Priester und der Küster, die übrigen sind alle aus und schwärmen in der See herum, wovon sie guten Gewinn haben."

Rund hundert Jahre später haben die Sylter noch immer guten Gewinn, jetzt aber durch Männer, die auf der Insel bleiben und den Tourismus in Gang bringen. Vor allem Wulf Manne Decker erkennt schnell die Bedeutung der „Sommerfrische" und gründet eine Aktiengesellschaft, die sich um die Versorgung der Badegäste kümmert. „Es

Volker Frenzel, wo er vor hundertfünfzig Jahren nicht hätte stehen dürfen: am Damenübergang zum Strand.

war in den Jahren 1854 und 1855 als zuerst Curgäste auf unserer Insel sich einfanden, die vorzüglichen Eigenschaften des hiesigen Seebades nicht genug loben konnten; aber wieder wegzogen, da für den Comfort der Ankommenden nicht genug gesorgt war", stellte er fest. Die ersten Badegäste fanden zu dieser Zeit keine touristische Infrastruktur auf Sylt vor. Gewohnt wurde bei den Einheimischen, die Wege zum Wasser waren beschwerlich, denn es gab nur Trampelpfade durch das Dünen-gras. Es fehlten Restaurants und Hotels. Einen genauen Gründungstag für den Badeort Westerland gibt es nicht, doch erhoben die geschäfts-tüchtigen Friesen ab 1855 Gebühren für die Benutzung der Umkleide-zelte am Strand oder die Begleitung der Badegäste ins Wasser. Die Sylter Kurkarte wurde sozusagen mit dem Ankommen der ersten Gäste erfun-den. Auch das erste Restaurant entstand. Wulf Manne Decker und seine Aktionäre nutzten ein leerstehendes Bauernhaus und bauten dann in der heutigen Deckerstraße die „Dünenhalle". Da das erste Jahr durchaus befriedigend verlief, hatten die Sylter schnell das Ziel, den Tourismus auszubauen. Rasant nahm die Entwicklung an Fahrt auf: Das „Strand-hotel" wurde gebaut, Tanz- und Musikabende für die Gäste angeboten, die „Christianenhöhe" folgte als nächstes Hotel. Gebadet wurde zu festen Zeiten, der Strand war in einen Bereich für Damen und einen für Herren getrennt und wurde überwacht. Hatten die Badegäste sich in den Zelten umgekleidet, gingen sie an Haltetauen ins Wasser und tauchten einige Male unter. Auf Wunsch und gegen die Gebühr von zwei Groschen konnte man sich dabei auch von einer Badewärterin oder einem Bade-wärter begleiten lassen. Die Zahl der Touristen stieg an, die Anreisewege nach Sylt verbesserten sich. Standen 1855 noch 400 Westerländern rund 100 Badegästen gegenüber, hatte sich das Verhältnis Ende des 19. Jahr-hunderts schon verkehrt: Fast vierzig Jahre nachdem die ersten Bade-karten verkauft worden waren, gab es 1400 Einwohner in Westerland, denen eine Zahl von 9358 Badegästen gegenüberstand.

Wiebke Stitz

....

So geht's zum ehemaligen Übergang:

Er befindet sich am Ende der heutigen Käpt'n-Christiansen-Straße.

SACRED TO THE MEMORY OF
DANIEL WIENHOLT,
SECOND SON ☞ JOHN WIENHOLT, ESQ^(RE)
OF GREAT S^t HEL☞S IN THE CITY OF LONDON, MERCHANT;
WHO WAS LOST ☞ INEXPRESSIBLE GRIEF OF A MOTHER,
A BROTHE☞ SISTER, IN H.B.M. FRIGATE "LUTINE"
OFF THE CO☞☞LAND, ON THE NIGHT OF THE 9^(TH) OCT. 1799

☞RIFTED ON THE SHORE OF SYLT
HE WAS DISCOVERED BY
☞RRN STRÆNDVOGT DECKER,
☞M THE FAMILY OWE A DEBT OF GRATITUDE
☞HIS GREAT ATTENTION AND FOR HIS CAREFUL
☞RVATION OF THE PROPERTY FOUND UPON THE BODY
☞HICH WAS INTERRED IN WESTERLAND CHURCHYARD
ON THE 11^(TH) NOV. 1799.

Frank Deppe kann als Inselchronist vieles über Sylter Ereignisse berichten. Er kennt auch die Geschichte, auf die diese Gedenktafel hinweist.

41

Englische Gedenktafel
Strandvogt Deckers Fürsorge lohnt sich

Auf einer Insel wie Sylt bleibt es nicht aus, dass die Fluten vieles an die Inselstrände tragen, was das Meer so mit sich bringt. Bei schwerer See sind das oft ganze Schiffsladungen gewesen, die an die Sylter Strände getrieben wurden. Der Sylter, sagt man, sei sehr, sehr geschäftstüchtig – wer etwas am Strand fand, hielt es für seinen Besitz und versuchte, es zu Geld zu machen. Nicht immer hat der, der zuerst die Beute entdeckte, sich auch an ihr erfreuen können, denn in manchen Fällen lag er bald mit einem eingeschlagenen Schädel in den Dünen und jemand anderes versilberte das angeschwemmte Gut. Vor allem in Hörnum prügelten sich nicht nur die Sylter um das wertvolle Strandgut. Zumeist hatten die Föhrer und Amrumer aufgrund ihrer vorteilhafteren geografischen Lage das

Kentern eines Schiffes bemerkt, bevor die Sylter davon Wind bekamen. Und da der Weg übers Meer für die Nachbar-Insulaner schneller zu bewerkstelligen war als der Landweg in den Inselsüden, gingen die Sylter manchmal leer aus und konnten nur noch neidisch den schwer beladenen Beuteschiffen der Föhrer und Amrumer hinterherblicken. Am 11. November 1799 spülte das Meer in Hörnum jedoch etwas an, um das sich kein christlicher Insulaner gestritten hätte: die Leiche des Engländers Daniel Wienholt. „Angezogen mit einem schwarzen Gehrock, einem weißen Hemd und einer gelben Weste darüber, befanden sich in seinen Taschen eine goldene Uhr, ein weißes Taschentuch mit rot gestickten Verzierungen, zwei Briefe und eine notarielle Vollmacht, die auf ihn ausgestellt war", weiß Inselchronist Frank Deppe.

Um dem Sylter Piratentum vorzubeugen und das angeschwemmte Strandgut für die Obrigkeit zu sichern, werden ab dem Jahr 1444 auf Sylt Aufsichtspersonen bestimmt, die über die Strände zu wachen haben: die Strandvögte. Diese Männer entstammen zwar Sylter Familien, haben häufig aber einen schweren Stand auf der Insel: Passen sie zu sehr auf das heißbegehrte, kostenlose und zumeist wertvolle Strandgut auf und sorgen pflichtgemäß dafür, dass die Beute an die Obrigkeit fällt, geraten sie bei den Insulanern in Misskredit. Tun sie es nicht, sondern drücken ein Auge zu, wenn ihre Inselgenossen schwer beladen den Strand verlassen, gibt es Ärger von den dänischen Vorgesetzten.

Die Aufgabe eines Strandvogts war also nicht leicht. Der Rantumer Strandvogt Nis Bohm zum Beispiel soll ihre pflichtgemäße Erfüllung ausgerechnet am Tage seiner Hochzeit im Jahr 1694 mit dem Leben bezahlt haben: Nis Bohm hatte von der dreisten Sylter Strandguträuberei die Nase voll und zeigte drei Männer und vier Frauen an. Diese waren darüber so empört, dass sie Nis nicht einmal die Hochzeitsnacht gönnten und ihn kurzerhand während der Feierlichkeiten erstachen. Dass die Sylter auch damals schon gerne einen über den Durst getrunken haben und ein Toter bei Feierlichkeiten durchaus nichts Ungewöhnliches war, mag Historiker zwar interessieren, gerettet hat es Nis Bohm aber nicht. So viel zum Berufsrisiko eines Strandvogts.

Zu der Zeit nun, als Daniel Wienholt am Strand von Hörnum angeschwemmt wurde, war Peter Taken Strandvogt im Inselsüden. Als Strandvogt hatte er für eine angemessene Beerdigung von ertrunkenen

Seeleuten zu sorgen. Die Beerdigung fand Ende 1799 unter der Obhut des Strandinspektors Broder Decker auf dem Friedhof von St. Niels in Westerland statt.

„Nach der Beerdigung von Daniel Wienholt versuchte Broder Decker Kontakt zu der Familie in England aufzunehmen", erzählt Frank Deppe, „und es gelang." Daniel Wienholt war mit dem Segelschiff „Lutine" auf dem Weg von England nach Hamburg gewesen. In der Nacht zum 9. Oktober lief die „Lutine" vor Holland auf Grund. Niemand überlebte die Katastrophe, und zusammen mit Mann und Maus sollen auch Goldbarren im Wert von 35 Millionen Mark in den Fluten versunken sein.

„Fast 100 Jahre später", erzählt Frank Deppe weiter, „reiste ein Neffe von Daniel Wienholt nach Sylt an das Grab seines verstorbenen Onkels auf dem Friedhof von St. Niels. Beeindruckt von der Anteilnahme und Fürsorge des Strandinspektors Decker, spendete er der Gemeinde nicht nur 500 Taler für den Kauf einer lang ersehnten Orgel, sondern auch eine Gedenktafel an Daniel Wienholt." Die Gedenktafel zeugt in englischer Sprache davon, wie gerührt Familie Wienholt über die Anteilnahme der Sylter war. Übersetzt lautet die Inschrift:

Gewidmet dem Gedächtnis des Daniel Wienholt, des zweiten Sohnes des John Wienholt, Kaufmann zu Great St. Helen's in London, welcher zum unaussprechlichen Kummer einer Mutter, eines Bruders und einer Schwester mit H.B.M. Fregatte „Lutine" in der Nacht des 9. Oktober 1799 an der Küste vor Holland verlorenging. An den Strand von Sylt getrieben, wurde er aufgefunden von dem Herrn Strandvogt Decker, dem die Familie große Dankbarkeit schuldet für seine große Aufmerksamkeit und sorgfältige Verwahrung des Eigentums der Leiche, die begraben wurde in Westerländer Kirchhofserde am 11. November 1799.

Wiebke Stitz

So geht's zur englischen Gedenktafel:

Die Gedenktafel hängt in der Kirche St. Niels, Kirchenweg 37. Nach dem Betreten des kleinen Kirchenraumes ist sie gleich links an der Wand zu finden.

*Klaus Lorkowski weiß: In diesem Haus
verkehrten einst prominente Gäste.*

42

Haus Kleemann

Wo sind denn hier die Promis?

Sylter Busfahrer können ein Lied davon singen: Wenn die Touristen die blauen Inselbusse besteigen, ist die erste Frage nach dem Fahrscheinkauf häufig die nach den Promis. Sylt hat noch immer das Image der „Reichen und Schönen", das von Journalisten in den 30er-Jahren eher zum Spott über die Kampener Lebenswelt geprägt wurde. Und die Touristen haben recht. Wenn sie im Bus sitzen und die Sylter Landschaft bewundern, können sie schon mal Günter Jauch auf dem Radweg kniend seinen kaputten Fahrradreifen reparieren sehen. Oder Jürgen Klopp kommt aus einem Restaurant und fachsimpelt mit Johannes B. Kerner über die letzten Fußballergebnisse. Auf Sylt war das schon immer so. Gewohnt haben Stars und Sternchen nicht nur in den namhaften Hotels der Insel wie dem Miramar, sondern auch in Privathäusern. Zum Beispiel im Haus Kleemann. Wie aufregend die Gäste waren, die hier verkehrten, das hat Klaus Lorkowski, freier Journalist der Sylter Rundschau, durch Zufall herausgefunden: „Ich fuhr zu Verwandten und hatte nichts zum Lesen mit", sagt er. „Und dann sehe ich in der Bücherwand den Titel: Memoiren der Leni Riefenstahl." Interessiert nahm der Journalist das Buch zur Hand, las sich darin fest und war auf einmal wieder: ja, genau. Zuhause. Auf Sylt – die Riefenstahl (1902-2003) berichtete nämlich über die Insel. „Ich fand eine Passage, in der sie sinngemäß schreibt, wie sie den Olympiafilm fertig gedreht hatte, Streit mit Joseph Goebbels, der ja im NS-Staat auch für die Filmbranche zuständig war, bekam, und fand, dass es Zeit für Erholung wäre." Leni Riefenstahl habe notiert, wie sie ihre Sachen packte und nach Sylt fuhr. „Da es aber mitten in der Saison war, bestand die Gefahr, kein Zimmer mehr zu bekommen. Sie kam dann im Haus Kleemann in Westerland in der Bismarckstraße unter. Eben jenem Haus, das so schmuck und so unauffällig aussieht."

Klaus Lorkowski begann zu recherchieren. Er besuchte die Hausbesitzerin Barbara Kleemann – „und die hatte tatsächlich noch eine Ansichtskarte von Leni Riefenstahl im Flur hängen". Darauf steht: „Erinnerung an einen schönen Aufenthalt". Barbara Kleemann offenbarte noch weitere Schätze, die sie in einem Karton aufbewahrte. „Darunter war auch ein Gästebuch, in dem sich die Gattin des Reichspräsidenten, Louise Ebert, mit Bleistift verewigt hatte." Sie sei vier Jahre nach dem Tod ihres Gatten, also 1929, mit ihrer Tochter Amalie und ihren Enkelkindern bei den Kleemanns zu Gast gewesen.

Prinz Friedrich von Hohenzollern (1891-1965) urlaubte ebenfalls in Haus Kleemann. Er notierte, er habe hier „schöne Tage" verbracht und denke daran „in freundlicher Erinnerung" zurück. Auch Schauspieler Hans Söhnker (1903-1981) war zu Gast. Und die Familie von Opel stieg hier ab. Klaus Lorkowski erzählt: „Die von Opels reisten mit all ihren Bediensteten an und belegten quasi das ganze Haus." Und Barbara Kleemann sagt: „Opels haben für die Kinder fast jeden Nachmittag Kakao und Kuchen spendiert. Das war eine tolle Geste."

Eva-Maria Bast

....

So geht's zum Haus Kleemann:

Es steht in der Bismarckstraße 20.

43

Kirchen-Fundament

1200 Liebeskilometer bis nach Sylt

Zum Beten in den Keller fahren? Auf Sylt geht das. Gewissermaßen. Denn dort, wo aktuell mitten in der Westerländer Innenstadt der ultramoderne Komplex „Neue Mitte" gebaut wird, liegen die katholischen Wurzeln Sylts. Vielleicht sind diese so versteckt, weil der Norden Deutschlands eigentlich fest in protestantischer Hand ist.

Hella Roßberg, Sylterin mit einem stolzen Stammbaum über zahlreiche Generationen hinweg, weiß, dass der Bau der ersten katholischen Kirche auf Sylt einer liebesschwangeren und laufstarken Geschichte zu verdanken ist. Hella Roßberg mag Liebesgeschichten – und die romantische Geschichte von Wenzel Wohner und Anna Pauline Boysen ganz besonders.

Wenzel Wohner stammt aus Böhmen, sein Geburtsdatum lässt sich heute nicht mehr exakt bestimmen. Da er als Infanterist dem österreichischen Heer beitritt und 1864 an der Seite Preußens im Deutsch-Dänischen Krieg kämpft, nehmen wir aber die 1830er-Jahre als sein Geburtsjahrzehnt an. Bei der kriegerischen Auseinandersetzung geht es wieder einmal darum, zu klären, wozu das Herzogtum Schleswig gehört. Die Dänen beanspruchen es für sich, Preußen jedoch legt seine Hand auf den Landesteil neben Holstein. Die Sylter unterstützen die Preußen und bewaffnen sich, um die Einziehung junger Sylter zum dänischen Wehrdienst zu verhindern. Dänemark ist machtlos und übergibt im Juli 1864 Sylt an die Österreicher, die mit Preußen verbündet sind.

Zu den steirischen Jägern, die jetzt nach Sylt kommen, gehört auch Wenzel Wohner. Wenzel lernt Sylt kennen und Anna Pauline Boysen aus Tinnum lieben. Drei Monate darf er auf der Insel bleiben, bevor er mit seinem Heer nach Österreich zurückkehren muss. „Schon damals wird er Anna Pauline die Ehe versprochen haben", mutmaßt Hella Roßberg. „Wenzel war so verliebt, dass er schließlich

Hella Roßberg zeigt auf die Stelle, an der sich das Fundament der ersten katholischen Kirche befand.

seine vorzeitige Entlassung aus dem Militärdienst beantragte, um endlich zu Anna Pauline zurückkehren zu können." Doch jetzt war bei Wenzel ohne Sold nichts los, was bedeutete, dass er zwar nach Sylt zurückwollte, aber kein Geld für die Reise hatte. Also machte er sich zu Fuß auf den Weg von Österreich nach Sylt – 1200 Kilometer lang setzte er einen Fuß vor den anderen, um schließlich bei Anna Pauline nach rund drei Jahren wieder vor der Tür zu stehen. „Und auch Anna Pauline hatte auf Wenzel gewartet, das Happy End konnte kommen", freut sich Roßberg. „Vor der Hochzeit musste Wenzel zwar dem katholischen Glauben abschwören, doch was war das schon nach 1200 zu Fuß gelaufenen Kilometern!"

Heute steht an der Stelle der ersten katholischen Kirche auf Sylt das ultra-moderne Projekt „Neue Mitte".

Wenzel und Anna Pauline heiraten 1867 und bekommen zwölf Kinder, deren Nachfahren heute teilweise noch auf Sylt leben. Wenzel Wohner erlangt bei den Einheimischen schnell Anerkennung. Doch auch wenn er offiziell dem katholischen Glauben abgeschworen hat und nach wie vor der einzige Katholik auf Sylt ist, so bleibt er seinem Glauben innerlich verbunden.

Auf der Internetseite der katholischen Gemeinde Sylt ist über diese Zeit zu lesen: „Nach dem Tod des letzten katholischen Bischofs von Schleswig, Gottschalck von Ahlefeldt, im Jahre 1541 hat sich auf Sylt endgültig die Reformation durchgesetzt. Erst der Preußisch-Österreichische Krieg gegen Dänemark 1864 brachte einen kirchlichen Wandel mit sich. 1866 wurde in Flensburg eine erste katholische Kirche eingerichtet. In diese Zeit fallen auch die Anfänge der Badeseelsorge auf Sylt (...) Der erste Katholik seit Jahrhunderten auf Sylt war der Steyrische Jäger Wenzel Wohner, der sich 1864 in eine Sylterin verliebte und sie 1867 heiratete."

Eine katholische Kirche hat die Insel aber nicht, es gibt lediglich in den Sommermonaten katholische Gottesdienste in angemieteten Räumen. Dafür kommen die sogenannten Strandpfarrer nach Sylt.

Jetzt werden zwar katholische Gottesdienste während der Saison abgehalten, doch für Wenzel Wohner ist das „Strandpfarramt" kein haltbarer Dauerzustand. Er will eine katholische Kirche auf Sylt. Zusammen mit dem Westerländer Gemeinderat versucht er nun den Bischof von seiner Idee zu überzeugen. Aber der fällt im wahrsten Sinne des Wortes aus allen Wolken und vermutet, dass seine braven katholischen Schäfchen letztlich nur zum Urlaubmachen nach Sylt gelockt werden sollen. Doch die katholischen Schäfchen lassen sich trotz der bischöflichen Bedenken gerne locken und öffnen bereitwillig ihre Urlaubskasse. Zusammen mit dem Gemeinderat Westerland tragen sie 25.000 Goldmark zusammen – was nach heutigem Wert rund 250.000 Euro entspricht – und so kann 1896 das Gotteshaus als Kapelle im neugotischen Stil mit Platz für 160 Gläubige errichtet werden. Erst 1937 bekommt die katholische Gemeinde mit Franz Augustin erstmals einen eigenen Pfarrer.

„Da lassen wir uns von einem Österreicher nicht nur zeigen, was die Liebe alles vermag, sondern auch gleich noch das Fundament für die katholische Gemeinde legen!"

Wenzel Wohner hat also sein Ziel erreicht. „Was sind wir Sylter tolerant!", freut sich Hella Roßberg zum Ende ihrer Geschichte, „da lassen wir uns von einem Österreicher nicht nur zeigen, was die Liebe alles vermag, sondern auch gleich noch das Fundament für die katholische Gemeinde legen!"

Wiebke Stitz

So geht's zum Kirchen-Fundament:

Es befindet sich in der Neuen Straße. Dort, wo jetzt das öffentliche Toilettenhäuschen steht, soll die Kirche von Wenzel Wohner gestanden haben.

Heinrich von Stephan

44

Heinrich-von-Stephan-Büste

Der Hindenburgdamm als Vision

*E*r sieht durchaus zufrieden aus, der Herr in den mittleren Jahren, der dort auf seinem Sockel thront und über die nach ihm benannte Stephanstraße in Westerland in Richtung Alte Post späht. Der Betrachter erfährt dank der Inschrift, die sich in seinem Sockel befindet, auch gleich, wer er ist: *Heinrich von Stephan* ist dort zu lesen. Mehr nicht – außer einem Freimaurer-zeichen. „Und deshalb", hat der Sylter Bürgermeister Nikolas Häckel beobachtet, „weiß eigentlich keiner, wer dieser Heinrich von Stephan war und was er mit Sylt zu tun hat."

Dabei war er ein bedeutender Mann, genauer gesagt, Generalpost-direktor des Deutschen Reichs – was die Blickrichtung der Statue in Richtung Alte Post erklärt – und Mitgründer des Weltpostvereins. Damit nicht genug, durfte er sich auch noch Kaiserlicher Wirklicher Geheimrat, Staatssekretär des Reichspostamts und Königlich Preußi-scher Staatsminister, Mitglied des Preußischen Staatsrates und des Preußischen Herrenhauses und Domherr von Merseburg nennen. Wer so viele Titel trägt, der kann ruhig zufrieden dreinblicken! Wobei er vielleicht nicht ganz so zufrieden gewesen wäre, wenn er gewusst hätte, dass man ihm nur einen Vor- und Nachnamen und nicht alle seine Vornamen (Ernst Heinrich Wilhelm), geschweige denn alle seine Titel auf den Sockel schreiben würde. Seit 1885 darf er sich „von" nen-nen, denn in diesem Jahr erhob man ihn in den preußischen Adels-stand – aufgrund seiner Verdienste um das Postwesen. Außerdem war er, wie das Zeichen auf seinem Gedenkstein ja auch zeigt, Freimaurer.

Was aber hat dieser hochdekorierte Herr samt all seinen Titeln mit Sylt zu tun? Viel! „Zum einen mochte er die Insel und war min-destens achtmal hier", erklärt der Bürgermeister. Ausgesprochen spen-dabel und humorvoll soll er gewesen sein, der Heinrich von Stephan: „Schon beim Übersetzen gab er stets einen Schnaps für die Mannschaft aus", ist in „Sylt –Abenteuer einer Insel" von Sven Simon zu lesen. Auch

....

*Bürgermeister Nikolas Häckel folgt dem Blick des
Heinrich von Stephan.*

um die Posteinrichtungen auf Sylt habe er sich bemüht: Er sorgte dafür, dass bereits 1892 ein Kaiserliches Postamt auf der Insel eingerichtet wurde, 1897 gab es dann eine Telefonverbindung auf das Festland. „Aber die Sylter wußten auch, daß mit dem umgänglichen Herrn dienstlich nicht zu spaßen war", schreibt Sven Simon. „Als bekannt wurde, daß er sich auf Inspektionsfahrt auf dem Festland befand,

Heinrich von Stephan kann zufrieden sein: Sein Herzensprojekt wurde letztendlich doch noch umgesetzt.

kabelte das Postamt von Keitum warnend an die Kollegen in Hoyer: ‚Nehmt Euch in acht, Stephan ist unterwegs. Er steckt seine Nase in alles.' Postwendend kam die Antwort: ‚Er hat sie schon drin.'"

Heinrich von Stephan war ein Vordenker. Einer, der Ideen hatte, für die die Gesellschaft noch nicht bereit war, die später aber durchschlagenden Erfolg haben sollten. Eine dieser Ideen war, ein „Postblatt" auf Pappe einzuführen: die Postkarte. Am 30. November 1865 schlug er vor, das „Postblatt" als Karte zu genehmigen – für kurze, knappe Nachrichten. Aufgrund sittlicher Bedenken – weil ja jeder die Korrespondenz lesen konnte – wurde abgelehnt, außerdem fürchtete man Umsatzverluste, weil das Porto einer Postkarte geringer wäre. Die tatsächliche Einführung der Postkarte durfte er noch erleben: Am 1. Oktober 1869 brachte die österreichisch-ungarische Post die Correspondenzkarte heraus. Und irgendwie hat das auch wieder etwas mit Sylt zu tun, denn die Postkarten von Nacktbadenden, die es dann Mitte des 20. Jahrhunderts auf Sylt zu kaufen gab, sorgten für viel Aufregung bis hin zum Gerichtsprozess. Eine andere Idee, die auch eng, ja, noch enger, mit Sylt verknüpft ist, sollte er nicht mehr in die Tat umgesetzt sehen: „Er hat sich schon früh für einen Damm zwischen Sylt und dem Festland stark gemacht", erklärt der Bürgermeister. Zwischen 1874 und 1879 sei er Kurgast auf Sylt gewesen und habe gemeinsam mit dem bekannten Chronisten Christian Peter Hansen an einem Grundkonzept gearbeitet. Der hatte schon 1865 von einem

Damm geschrieben. „Doch insgesamt war die Zeit für ein solch gigantisches Bauwerk noch nicht reif", schreibt Jan Kirschner in seiner Diplomarbeit „Der Personenverkehr über den Hindenburgdamm und die Sylter Inselbahn". Er begründet das damit, dass es in den 1870er-Jahren noch nicht einmal 2000 Badegäste gegeben habe.

1908 kam dann aber Schwung in die Sache: „Die immer zahlreicher werdenden Badegäste machten Druck, und auch der Westerländer Bürgerverein wollte das Vorhaben voranbringen", erzählt Häckel. Der Bürgerverein reichte sogar eine Resolution beim Verkehrsministerium in Berlin ein. Und stieß auf offene Ohren. Jan Kirschner erklärt das so: „(...) zu Beginn des 20. Jahrhunderts hatte sich das außenpolitische Klima soweit verschlechtert, daß selbst ein Krieg nicht mehr ausgeschlossen werden konnte. Deshalb gab es auch schon Pläne für den Ernstfall. Der festungsmäßige Ausbau Sylts gehörte dazu. Auch ein Eisenbahndamm passte in das Konzept. Er sollte ein schnelles Verschieben der Truppen von den festländischen Stützpunkten nach Sylt und umgekehrt gewährleisten." 1910 habe man mit den Planungen begonnen, nach außen allerdings „die zivile Nutzung des Millionenprojekts" in den Vordergrund gestellt. 1914 waren die Planungen abgeschlossen, doch dann brach der Erste Weltkrieg aus. Sylt wurde militärisches Sperrgebiet, und nach dem Krieg hatte man erstmal andere Sorgen als den Bau eines Damms. Doch dann kam das Jahr 1920:

„Er hat sich schon früh für einen Damm zwischen Sylt und dem Festland stark gemacht."

Im Landesteil Schleswig gab es Volksabstimmungen, ob die Bürger nun zu Deutschland oder zu Dänemark gehören wollten. „Durch diese Volksabstimmung fiel Tondern und damit auch der Hafen Hoyerschleuse an Dänemark" (siehe Geheimnis 48), beschreibt der Sylter Bürgermeister. „Um auf die Insel zu gelangen, musste man nun also den Umweg über Dänemark nehmen. Die Anreise war für Deutsche erniedrigend: Sie mussten für Dänemark ein Visum beantragen, und der Waggon aus Deutschland wurde während der Fahrt und der Wartezeit in Dänemark verplombt."

Es war klar, nun musste gehandelt und endlich umgesetzt werden, was der Chronist und der Generalpostdirektor schon in den 1870er-

Jahren ersonnen hatten: ein Damm aufs deutsche Festland! 1923 begannen die Arbeiten, die sich als nicht ganz einfach erwiesen. Denn immer wieder war das Meer stärker als die Menschen mit ihren Planungen und spülte einen Teil des gerade aufgeschütteten Dammstücks wieder weg. Zum Glück gab es Dr.-Ing. Hans Pfeiffer, der ein neues Konzept aus der Tasche zauberte: „Er ließ auf der Südseite des zu errichtenden Damms eine Spundwand bauen", erzählt Häckel. „Die Wand verhinderte, dass das Material weggeschwemmt wurde." Auf der Nordseite zog man in 50 Metern Abstand eine Buschlahnung. Das sind zwei Pfahlreihen, zwischen die Nadel- oder Laubholzreisig gelegt wird. Und dann wurde aufgefüllt: mit Sand, Schlick und anderen Materialien, wie Kies und Ton. „Die Bauarbeiten begannen vom Festland aus, ab 1925 baute man dann auch von Sylt her." Am 1. Juni 1927 wurde der Damm feierlich eingeweiht.

Dammname hin oder her: Die beiden, die in den 1870er-Jahren erste Pläne dafür schmiedeten, hätten seine Eröffnung bestimmt gern erlebt. Allein, es war ihnen nicht vergönnt: C.P. Hansen starb 1879, Heinrich von Stephan 1897. Immerhin: Ihr Andenken wird auf Sylt gewürdigt. C.P. Hansen begegnet dem Geschichtsinteressierten ohnehin an jeder Ecke. Und Heinrich von Stephan hat die von Bildhauer Hugo Berwald geschaffene Büste bekommen. Sie wurde 1899 zunächst vor dem „Hotel Royal" aufgestellt, später zog sie an ihren heutigen Platz um. Bei der Einweihungsfeier hieß es: „Er wollte hier auf Sylt nichts anderes bedeuten als jeder sonstige Badegast auch. Er wollte hier frei und ungestört leben, nicht frei von der Arbeit, aber frei von dem Zwang der Gesellschaft und seiner Stellung." Das ist ihm wohl auch gelungen.

Eva-Maria Bast

....

So geht's zur Heinrich-von-Stephan-Büste:

Sie steht in der Stephanstraße schräg gegenüber vom Stadtarchiv an der südöstlichen Ecke der Grünfläche. Gegenüber befindet sich die Alte Post.

Sven Lappoehn findet: Hübsch ist die Mauer zwar nicht, aber man kann prima drauf Platz nehmen und die Aussicht genießen.

45

Mauer

Eine Wunde des Zweiten Weltkriegs

Ein Mauerstück. Nicht besonders schön, vielleicht gar beleidigend für Ästhetik verwöhnte Augen – derer es viele gibt auf Sylt, wo die Natur überall prachtvolle Bilder präsentiert. Dieses Mauerstück nun stört die Idylle. Grau und klotzig steht es an der Promenade am Westerländer Strand, es wirkt wie ein Missklang in einer Komposition – oder doch nicht? Ist es weniger ein Missklang als viel mehr eine Disharmonie, ein Mittel also mit dem, um im Bild zu bleiben, viele Komponisten arbeiten, um ihrem Werk Spannung und Dramatik zu verleihen? Ja, bei näherer Betrachtung trifft genau das auf die Mauer zu. Vor allem dann, wenn man ihre Geschichte kennt, die beweist, dass Sylt nicht immer so idyllisch war wie heute: Wenn die Insel im Zweiten Weltkrieg auch weitgehend verschont blieb – Luftangriffe gab es dennoch, und insgesamt 700 Sylter fielen andernorts auf den Schlachtfeldern. Das Stück Mauer kündet aber weder von Luftangriffen noch von gefallenen Soldaten. Sondern es erzählt von der Angst der Menschen auf der Insel, mit der sie im Zweiten Weltkrieg zu kämpfen hatten.

Man furchtete eine Invasion der Alliierten, für die Sylt gewissermaßen die Schwelle zu Deutschland bildete. „Bei dem Mauerwerk handelt es sich um eine Panzermauer", erklärt Sven Lappoehn, der sich als Geschäftsführer des Heimatvereins „Söl´ring Foriining" mit allem beschäftigt, was mit Inselgeschichte zu tun hat. Oft schon ist er an der Mauer entlanggegangen und hat beobachtet, dass die Vorüberflanierenden und Sonnenbadenden sie nicht bemerken, dass sich kaum jemand über sie zu wundern scheint. Sie ist da und gehört zum Bild. Punkt. „Man dachte, dass die Alliierten per Schiff Panzer nach Sylt transportieren und vom Strand aus vordringen könnten", konkretisiert er den Sinn der Mauer, die nur ein Teil der enormen Festungsanlage war, zu der die Insel im Zweiten Weltkrieg ausgebaut wurde. Zu dieser Festung gehörten nicht nur Panzermauern, sondern auch unzählige Bunker und Flakstellungen und nicht zuletzt Kasernen. Schließlich mussten die rund 10.000 Soldaten, die auf Sylt stationiert wurden, um die Insel zu verteidigen und damit den Alliierten den Eintritt ins Deutsche Reich zu verwehren, untergebracht werden.

Das Mauerstück in der Strandidylle mutet merkwürdig an.

Die Angst der Sylter vor einem alliierten Angriff wurde gleich zu Beginn des Krieges bestätigt. Schon 1939 gab es Bombenangriffe, unter anderem am 30. September, da flogen feindliche Flieger sehr nahe an die Insel heran – doch man wusste sich zu wehren: Fünf der feindlichen Flugzeuge wurden von der Sylter Flak vom Himmel geholt, die anderen durch die so zur Schau gestellte Wehrhaftigkeit der Insulaner vertrieben. Doch die Angreifer kamen wieder. Premierminister Neville

Chamberlain (1869-1940) verkündete am 19. März 1940 im britischen Unterhaus inmitten der Parlamentsdebatte: „Gentlemen, in diesem Augenblick bombardieren unsere Flugzeuge die deutsche Insel Sylt." Die Angriffe wurden in erster Linie auf Rantum und Hörnum geflogen. Sie begannen drei Minuten vor acht, um 19.57 Uhr, und sollten sieben Stunden dauern. In dieser Nacht wurden 120 Bomben und 1200 Brandsätze über der Insel abgeworfen. Die Schäden an der Bebauung hielten sich zwar in Grenzen, denn viele Bomben fielen ins Meer, in die Dünen oder ins Watt. Schlimm war allerdings der Treffer auf das Lazarett der Kaserne in Hörnum. Im anschließend verfassten Gefechtsbericht hieß es: „Sachschäden gering. Haltung der Offiziere und Mannschaften sehr gut. Flak gab über 6800 Schuss ab. Zusammenfassend: Trotz großen Einsatzes Feindwirkung gering, Großangriff erfolgreich abgewehrt." Da war es am Ende doch gut, dass die Insel derart zur Festung ausgebaut worden war, sonst wären die Schäden möglicherweise schlimmer gewesen.

Vieles von der Festung wurde nach Kriegsende gesprengt – aber eben nicht alles: Neben einigen anderen Überbleibseln ist die Mauer geblieben und kündet all jenen, die am Westerländer Strand das Leben genießen, stumm von Zeiten, in denen die Blicke der Sylter besorgt auf's weite Meer hinauswanderten. Gäste gab es zu jener Zeit auf der Insel kaum, Sylt war Sperrgebiet, der Fremdenverkehr stand still.

Heute ist die Mauer in die Westerländer Promenade integriert, hat praktischerweise eine Küstenschutzfunktion übernommen und wird im Küstenschutzfachplan Sylt als Bollwerk gegen die Naturgewalten des Meeres genutzt.

Eva-Maria Bast

So geht's zur Mauer:

Den Rest der Panzermauer findet man am Westerländer Strand: Am besten nimmt man den Hauptübergang und hält sich dann rechts. Nach etwa 100 Metern findet man die Mauer an der Promenade.

46

Elefantenkopf
Mit dem Elfenbeinhandel fing alles an

*E*in ungewöhnlicher Figurenschmuck für Sylt – und doch einer, der so prägend ist für die Friedrichstraße in Wester-land. Einfach weil er dort schon sehr lange hängt, weil man sich an ihn gewöhnt hat. Aber warum er da hängt, der riesige Elefantenkopf, das weiß keiner der Passanten, selbst wenn es „echte" Sylter sind. Wie viele man auch fragt: Man erntet Achselzucken. Doch einer weiß es: „Der Elefantenkopf soll auf die Geschichte unseres Hauses verweisen", sagt Carsten Wegst, Geschäftsführer des gleichna-migen Einzelhandelsgeschäfts, das in dem Haus mit dem Elefanten-kopf beheimatet ist. „Denn die begann mit dem Elfenbeinhandel."

Allerdings nicht auf Sylt: Die Familie hat ihre Wurzeln am Fuße der Schwäbischen Alb in Geislingen an der Steige. „Im 18./19. Jahr-hundert wurde Geislingen zu einem Zentrum der Elfenbeinschnitzerei und der Beindreherei", erzählt der Westerländer Geschäftsmann. Doch die Handwerker stellten die Ware nicht nur her, sie wussten sie auch an den Mann zu bringen: „Geislingen liegt zwischen Stuttgart und Ulm. Der legendäre Orient-Express Paris-Istanbul machte jeweils etwa eine Stunde Station in Geislingen." Und: „Mein Vorfahr hatte eine tolle Geschäftsidee. Mit einem Bauchladen, warb er auf dem Bahnsteig für seine Elfenbeinschnitzereien", lacht der Geschäftsmann, „die betuchten Reisenden kauften fleißig."

Und wie kommt ein Geislinger Elfenbeinschnitzer nach Sylt? Ganz einfach: Johann Wegst, Ur-Urgroßvater von Carsten Wegst, gab sich nicht damit zufrieden, seine Waren nur in Geislingen anzubieten. „Im Sommer hat mein Ur-Urgroßvater in Bad Landeck in Schlesien einen Laden gemietet und dort die Waren, die in Geislingen produziert wurden, verkauft", sagt er. „Und als das gut lief, hat er seine Söhne eingesetzt, um weitere Filialen zu eröffnen, die aber nur in den Som-mermonaten bedient wurden." Hermann in Bad Pyrmont, Hans in Bad Neuenahr. Robert, der jüngste Sohn – Carsten Wegsts Urgroß-

Carsten Wegst mit dem Elefanten. Sein Urgroßvater ließ den Bronzeguss einst anbringen.

vater –, wurde, gerade mal 18 Jahre alt, 1891 von seinem Vater nach Zoppot geschickt, einem Ostseebad an der Danziger Bucht. Die Geschäftstüchtigkeit hatte Robert anscheinend von seinem Vater geerbt, denn als er 1896 in einer Hamburger Zeitung auf eine Anzeige stieß, in der der „Laden Nr. 6 im Gebäude der Westerländer Badedirektion" beworben wurde, zauderte er nicht lange, bewarb sich, erhielt den Zuschlag, gab sein Geschäft in Zoppot auf und eröffnete eines in Westerland.

„Er kam in Munkmarsch mit dem Schiff an, fuhr aber nicht mit der Inselbahn, sondern ging zu Fuß und fand dabei ein Hufeisen, das war natürlich ein gutes Omen. Das Hufeisen haben wir noch immer", sagt Carsten Wegst lächelnd. „Dieses erste Geschäft befand sich in der Strandstraße nahe am Strandübergang, doch mein Urgroßvater zog bald auf die andere Straßenseite in ein Eckhaus um, denn er hatte beobachtet, dass dort mehr Leute flanierten."

Der Elefantenkopf kündet von der Herkunft des Unternehmens der Familie Wegst.

Es war eine günstige Zeit, in der er nach Westerland kam: Ein paar Jahrzehnte zuvor hatte man Sylt als Badeort entdeckt. Viele Sommerfrischler bummelten durch die Straßen, seit Westerland 1855 als „Seebad" anerkannt worden war. Die Geschäfte gingen gut, 1914 entschloss sich Robert Wegst, ein Grundstück in der Friedrichstraße 31 zu bebauen. Das Schild über dem Haupteingang verkündete, wer der Inhaber sei und was der Kunde in den Verkaufsräumen zu erwarten habe: *Robert Wegst Geislingen a. d. Steige Elfenbeinschnitzerei.* Und auch der Bronze-Elefant, der sich damals direkt über dem Eingang befand, wurde für diesen Neubau gefertigt, allerdings hing er nicht, wie heute, an der Balkonbrüstung, sondern ein Stockwerk höher über der mittleren Balkontür. „Mein Großvater hatte Station in Hamburg gemacht und zeichnete die Elefantenköpfe am Eingang von Hagenbecks Tierpark ab", erzählt Carsten Wegst. „Die dienten ihm als Vorbild."

Der Erste Weltkrieg brachte eine Zäsur, jedoch eine verhältnismäßig kleine: Zwar musste Robert Wegst an die Front, aber nur kurz, weil er gebraucht wurde, um dringend benötigte Elfenbeinstifte für Prothesen von Soldaten herzustellen. „Und als der Krieg vorbei war, ging alles weiter seinen gewohnten Gang, wobei die Waren nach wie vor in Geislingen hergestellt wurden", berichtet Urenkel Carsten. Nach dem Krieg stellte Wegst dann auch Friesenschmuck her, den die Firma bis heute im Sortiment führt. Robert Wegst kaufte das Hotel Reichshof, das unmittelbar an sein Geschäft angrenzte, und ließ es grundlegend umbauen, um das Unternehmen dann an seine Söhne Hermann – Carsten Wegsts Großvater – und Robert zu übergeben. Die „Sylter Zeitung" schrieb am 26. April 1932: „Seit Wochen wird mit größtem Eifer an dem Neubau des Herrn Robert Wegst gearbeitet und es war interessant zu verfolgen, wie das wuchtige Bauwerk die letzten Tage mächtig gewachsen ist." So steht es heute noch und floriert bestens, was Robert Wegst bestimmt glücklich gemacht hätte. Ebenso wie die Tatsache, dass Urenkel Carsten die Geschäfte übernommen hat und den Elefanten an der Balkonbrüstung, den er schon als Kind bewundert hat, als das ansieht, was er ist: eine Erinnerung an die lange, lange Familientradition, auf die Familie Wegst mit Recht stolz ist.

Eva-Maria Bast

> *„Mein Großvater hatte Station in Hamburg gemacht und zeichnete die Elefantenköpfe am Eingang von Hagenbecks Tierpark ab. Die dienten ihm als Vorbild."*

....

So geht's zum Elefantenkopf:

Er hängt am Turm von „Haus Westerland", in dem sich das Traditionsgeschäft der Familie Wegst befindet. Besonders gut ist er von der Kreuzung Friedrichstraße/Elisabethstraße aus zu sehen.

Sie kennt Sylt wie kaum jemand anderes: Silke von Bremen auf der Gemeindegrenze zwischen Westerland und Tinnum im Birkenweg.

47

Kirchenmauer-Grenze

Was Westerland von Tinnum trennt

Heute singt sogar die Rockgruppe „Die Ärzte" davon: „Ich will zurück nach Westerland", und zahlreiche Inselfans schmettern diesen Hit mit. Obwohl von der Insel Sylt schon im Jahr 1141 im Schenkungsbuch des Klosters Odense die Rede ist, bekommt Westerland erst um 1450 seinen Namen und rückt im Laufe der Jahrhunderte immer weiter vom Meer ab. Die renommierte Inselkennerin und Autorin Silke von Bremen kennt die Geschichte der heutigen Inselhauptstadt ganz genau und kann die

Grenze Westerlands zeigen, die Umfassungsmauer des Grundstücks, auf dem die Kirche steht: „Das ist die Kirchenmauer bei St. Niels. Dass eine Kirchenmauer auch gleichzeitig Gemeindegrenze ist, kenne ich von keinem anderen Ort. Und der Verlauf der Westerländer Gemeindegrenze setzt sich im Birkenweg neben St. Niels fort. Wer dort genau auf den Straßenbelag schaut, sieht eine schräg verlaufende Pflasterung. Das ist die Grenze zwischen Tinnum und Westerland", erläutert sie.

Bevor Westerland gegründet wurde, gab es auf Sylt den Ort Eidum. Der lag viel weiter südwestlich und damit nach den damaligen geografischen Gegebenheiten nahe am Wasser, heute aber mitten vor der Sylter Westküste. „Die Eidumer waren anscheinend zähe Inselbewohner, Sturmfluten, die damals noch als Gottesstrafe galten und denen man mehr oder weniger hilflos ausgeliefert war, gab es reichlich. Aber 1436 erlebten die Eidumer die ultimative Katastrophe, als die Allerheiligenflut über sie hereinbrach und Eidum endgültig vernichtete", berichtet Silke von Bremen. „Wobei gemutmaßt

Die Pflasterung im Birkenweg kennzeichnet die Gemeindegrenze.

wird, dass die alten Häuser im Südhedig die ehemals östlichsten Wohngebiete von Eidum waren und die Familien dieser Häuser die Sintflut überstanden." Die anderen überlebenden Eidumer hatten wohl alles verloren und mussten den Rückzug antreten. Sie zogen ostwärts auf eine höhergelegene Heidefläche, die vermutlich im 15. Jahrhundert noch knapp drei Kilometer von der damaligen Wasserkante entfernt war. Wahrscheinlich wären sie wohl gerne noch weiter nach Osten ausgewichen, aber das war Tinnumer Gelände und damit tabu. Und da die Fläche, die man nun besiedelte, aus der Sicht der östlichen Gemeinden „das westliche Land" war, verlor sich im Laufe der Zeit der Ortsname „Eidum", man sprach bald nur noch von „Westerland".

Die Eidumer Kirche hatte kurioserweise den Sturm überstanden, vermutlich stand sie auf einer sicheren Anhöhe und konnte über 170 Jahre weiterhin als Gotteshaus genutzt werden, bis sie am 29. August 1634 in einer windstillen Nacht in sich zusammenbrach.

Was Silke von Bremen sagt, ist bei dem Chronisten und Husumer Bürgermeister Caspar Danckwerth (1605-1672) nachzulesen. In seinem Atlas „Neue Landesbeschreibung der zwei Herzogtümer Schleswig und Holstein" steht: „(...) in diesem Kirchspiel an dem Westufer stehet noch das ganze Gemäuer von der alten Eytum Kirche, oder zu St. Niels geheißen (...)" Die Gästeführerin erläutert weiter: „So bauten die Westerländer im Jahre 1635 die Kirche St. Niels an der heutigen Stelle neu auf. So weit als nur möglich vom zerstörerischen Meer entfernt, direkt an die Grenze zu Tinnum. Und nicht nur den Altar und den alten Taufstein haben sie aus der alten Kirche retten können. Aber das Gotteshaus blieb bescheiden, denn es fehlte an Geld. Was auch daran liegt, dass die Gemeinden der Norddörfer – Wenningstedt, Braderup, Kampen und List, die in der Eidumer Kirche eingepfarrt waren, sich vor den Baukosten drückten." Diese Sparsamkeit hat nach ihrer Ansicht Auswirkungen bis heute: „Mit dem Satz, in der Keitumer Kirche ist Platz genug für uns, wechselten sie zur Freude der Keitumer nach St. Severin und ließen die Westerländer und die Rantumer, die noch zur Kirche gehörten auf den Ausgaben für den Neubau sitzen. Wer sich heute manchmal fragt, warum die Sylter unverständliche Animositäten pflegen, wird oft in der Geschichte fündig. Dass die Norddörfer die Westerländer so im Stich gelassen haben, hat man ihnen nie verziehen..."

„Dass die Norddörfer die Westerländer so im Stich gelassen haben, hat man ihnen nie verziehen..."

Die damalige kleine Kirche wurde im Jahre 1875 grundlegend saniert und erhielt im Westen einen festen Glockenturm, der heute das Eingangsportal der Kirche ist. Und war der Friedhof damals noch drei Kilometer vom Meer entfernt, benötigt man heute nur noch knapp 1200 Schritte, um von St. Niels ans Meer zu kommen.

Wiebke Stitz

....

So geht's zur Kirchenmauer-Grenze:

Die Kirche St. Niels steht im Kirchenweg. Dahinter führt ein Weg an der Mauer entlang in den Birkenweg mit der Grenze.

Dörte Hansen weiß: Diese Inschrift kündet von einer ausgesprochen wechselvollen Geschichte.

48

Gedenkstein

Die Frage, wohin man gehören will…

Wechselvoll. Bisweilen auch von erbitterten Kämpfen geprägt. Das ist wohl die Beschreibung, die jahrhundertelang zur deutsch-dänischen Geschichte am besten passt. Sie betrifft die ehemaligen Herzogtümer Schleswig und Holstein, hatte aber auch ihre Auswirkungen auf die nordfriesischen Inseln, zu denen Sylt gehört. Daran erinnert ein großer Gedenkstein mit Inschrift, der in Westerland steht. In goldener Schrift steht darauf: *Up ewig ungedeelt/14. März 1920.* „Das ist sozusagen das Ende der vielen Verwirrungen und Änderungen, die sich über viele Jahrhunderte hinzogen", erzählt Gästeführerin Dörte Hansen.

Sylt war ab dem 12. Jahrhundert dänisch – und tributpflichtig. Will heißen: Die Sylter mussten ihren dänischen Herrschern Steuern zahlen. „Zwischendurch fiel Sylt wieder von Dänemark ab – und zwar im Jahr 1252. Es gelang den Nordfriesen damals, die Dänen zu schlagen, was zur Folge hatte, dass sie wieder von Dänemark unabhängig wurden", berichtet die Gästeführerin. Doch keine Hundert Jahre später sei Sylt wieder dänisch geworden, denn „1344 besiegte der dänische König Waldemar IV. die Friesen". Vier Jahrzehnte danach änderte sich wieder alles: 1386 überließ die dänische Königin Margrete I. (1353-1412) Sylt dem Grafen Gerhard VI. von Holstein-Rendsburg (1367-1404), Holstein aber gehörte zum Heiligen Römischen Reich Deutscher Nation: Sylt wurde deutsch. Eine Ausnahme bildete List: Es gehörte schon seit 1292 zur dänischen Stadt Ripen. Auch jetzt blieb es Enklave des Königreichs Dänemark. Laut Vereinbarung von Ripen (1460) sollten Schleswig und Holstein nie geteilt werden, sondern „up ewig ungedeelt" bleiben. Doch 1815 ergab sich eine neue Situation: Schleswig gehörte weiterhin zu Dänemark, Holstein wurde Bestandteil des neu gegründeten Deutschen Bundes. Regiert wurden beide in Personalunion vom dänischen König, so auch der Norden von Sylt.

Und dann kam König Christian IX. (1818-1906). „Trotz den Bestimmungen des Vertrags von Ripen 1460 unterzeichnete er am 18. November 1863 die Verfassung, die besagt: Das dänische Lehen Schleswig-Holstein wird doch geteilt." Das betraf auch Sylt, denn ganz „Sylt sollte nach dieser neuen Verfassung plötzlich dänisch sein und damit waren die Sylter gar nicht einverstanden." Im zweiten Deutsch-Dänischen Krieg wurde auch um Sylt lange und heftig gekämpft.

Viele Sylter wollten zu Deutschland zurückkommen, andere unbedingt bei Dänemark bleiben. Otto Christian Hammer (1822-1892), der die dänischen Truppen befehligte, ging hart vor: Er beschlagnahmte Zoll- und Steuereinnahmen und nahm Sylter gefangen. Er führte Verhöre durch, ließ deutschgesinnte Bürger festnehmen und teilweise sogar in Kopenhagen inhaftieren. Auch der Inselchronist C.P. Hansen machte unliebsame Erfahrungen: Er wurde unter Militäraufsicht gestellt. Die Keitumer waren schockiert. Doch gab es eine junge Frau namens Inken Möller, der es gelang, die Dänen zu überlisten. Sie erzählte ihnen, die Schafe müssten umgesetzt werden, und bekam dafür die Erlaubnis. Dabei gelang es ihr, gefährdete Sylter zu warnen, die aufs Festland flohen.

Dort braute sich auch schon Unterstützung zusammen: Der österreichische Leutnant Ludwig von Gablenz (1814-1874) entschloss sich, Hammer massiv zu bekämpfen. Die alliierte Marine war bereit, diesen Vorstoß mit Kanonenbooten zu unterstützen, auch das 9. Steirische Jägerbataillon eilte herbei. Am 12. Juli kam es zu einer Schlacht: Als die Österreicher nach Sylt übersetzen wollten, trafen sie auf See auf Hammers Truppen und wurden dadurch zur Umkehr gezwungen. Doch sie ließen sich nicht entmutigen: Schon am nächsten Tag fuhren sie wieder in Richtung Insel, die alliierte Flotte gab ihnen Feuerschutz. Trotz erneuter Gefechte gelang es ihnen, Morsum und Keitum zu erreichen. Rund 200 Österreicher landeten auf der Insel, wo sie mit großer Begeisterung empfangen wurden. Man feierte sie als die Befreier, auf die man schon so lange gewartet hatte. Drei Monate lang blieben die Österreicher auf der Insel – und gingen als Ehrenbürger.

Nach dem Ersten Weltkrieg kam es zur Volksabstimmung über die Zugehörigkeit der Bevölkerung im Landesteil Schleswig zu Dänemark oder zu Deutschland. Der Großteil der nördlichen Bevölkerung des Landesteils Schleswigs entschied sich für Dänemark, die weitere Bevölkerung Schleswigs für die Zugehörigkeit zu Deutschland. Die Grenze zwischen Deutschland und Dänemark wurden neu gezogen.

„Auf Sylt stimmten 88 Prozent dafür, weiter zu Deutschland zu gehören", schildert Dörte Hansen. Weil der Hafen Hoyer, von dem aus zahlreiche Schiffe zur Insel gefahren waren, nun jedoch in Dänemark lag, man also über das Ausland hätte reisen müssen, um nach Sylt zu kommen, war dies ein neuer Ansporn, nun endlich einen Damm als Verbindung zum Festland zu bauen (siehe Geheimnis 16).

So kündet der Stein vom Willen der Sylter, deutsch zu bleiben. Dass mit Up ewig ungedeelt an den Vertrag von Ripen erinnert wird, sei logisch, findet Dörte Hansen: „Weil Sylt bei Deutschland blieb, wurde es dem Vertrag von Ripen in gewissem Sinne gerecht."

Eva-Maria Bast

....

So geht's zum Gedenkstein:

Er steht an der „Trift", dort, wo der Eidumweg abzweigt.

49

Mörder-Gully

Ein Toter verstopft die Kanalisation

"Circus Roland kam nach uns. Saß Parket. Dauerte drei Stunden." Der kleine Volker Frenzel ist knapp dreizehn Jahre alt, als er aufgeregt diesen Eintrag in seinem Tagebuch vermerkt. Der Circus gastiert auf Sylt, auf der Insel ein seltenes Vergnügen. Im Juli 1961 ist es aber so weit und Volker nimmt den kürzesten Weg zum Schützenplatz in Westerland. Der führt ihn über die Dünenstraße. „Hätte ich damals gewusst, dass ich über einen Gully laufe, in dem zwei Wochen später eine Leiche entdeckt wird, hätte ich mich das nicht getraut!", gesteht er heute.

Der Gully ist auch heute noch da. Als dieser am 25. Juli 1961 von einem städtischen Mitarbeiter in die Höhe gezogen wird, macht der eine grausige Entdeckung: Kopfüber steckt eine Leiche in dem Schacht. „Der Kanalreiniger hatte den Auftrag, zu überprüfen, warum in diesem Bereich die Kanalisation verstopft ist. Rund um den Gully hatte sich schon eine große Pfütze gebildet, also musste etwas im Gully sein", berichtet Volker Frenzel. Tatsächlich: Im Gully steckt die Leiche eines jungen Mannes, erwürgt durch den Lederriemen, den er noch um den Hals trägt, bekleidet mit Jeans und Pullover.

Die Bereitschaftspolizei vom Festland nimmt sich des Tötungsdeliktes an, denn nicht nur der mutmaßliche Freund, sondern auch einige persönliche Gegenstände des Toten sind verschwunden. Auf der Insel hängen Fahndungsplakate, die „für Hinweise, die zur Ergreifung des Täters führen (...) im Einvernehmen mit dem Herrn Oberstaatsanwalt in Flensburg" eine Belohnung in Höhe von 3000 Mark versprechen. Der Tote ist Isolierlehrling aus Hamburg, ebenso sein Freund, der von der Polizei verhört wird. Er streitet die Tat ab, trotzdem kommt es ein Jahr später in Flensburg zu einem Indizienprozess. Zusammen sind die beiden Männer auf zwei Mopeds am 3. Juli 1961 mit 160 Mark in der Urlaubskasse auf Sylt angekommen und wollen zwei Wochen auf dem Campingplatz bei Westerland Urlaub machen. Schnell gibt es

Volker Frenzel beschleicht auch nach über fünfzig Jahren
noch das Grauen, wenn er am Gully steht.

Streit, und der Campingplatzbetreiber sagt aus, dass das Zelt bereits acht Tage später abgemeldet und der Platz geräumt worden sei. Das ist der 11. Juli, vier Tage bevor der kleine Volker den Circus Roland besucht und über den Gully läuft.

Alles deutet darauf hin, dass der junge Hamburger, der in Flensburg vor Gericht steht, der Täter ist. Schließlich räumt dieser auch einen Streit mit seinem Freund ein: „Wir gingen in ein Tanzlokal, aber mein Freund hat mich vor den Mädchen lächerlich gemacht und mir alles versaut." Das Gericht in Flensburg kommt nicht weiter, bis sich am vierten Verhandlungstag eine ungeahnte Wendung anbahnt: Ein weiterer Zeuge sagt aus, dass ganz in der Nähe des Tatortes ein 55-jähriger Bauarbeiter wohne, der häufig nachts Männerbesuche empfange. Als der Bauarbeiter im Zeugenstand steht, belastet er sich in der Tat selbst, indem er seine Vorliebe für junge Männer eingesteht und zugibt, einem seiner Liebhaber im Streit gedroht zu haben: „Du kommst gleich unter den Kanaldeckel." Trotz dieser Beweislage ist der Richter nicht davon überzeugt, dass der Bauarbeiter den Mord begangen und die Leiche in den Gully gesteckt hat.

„Richtig aufgeklärt wurde der Fall nicht", berichtet Volker Frenzel heute, „letztlich konnte auch dem Bauarbeiter die Tat nicht nachgewiesen werden und alle Indizien sprachen für den Freund als Täter. Also wurde dieser schließlich zu sieben Jahren wegen Totschlag verurteilt." Ausschlaggebend für die Verurteilung war letztlich die Aussage eines Kriminalbeamten, der aus einem Verhör berichtete, dass der Beschuldigte erklärte: „Ich würde es wohl sagen. Aber ich habe Familie und Freunde, da kann ich nicht nur an mich denken."

Wiebke Stitz

....

So geht's zum Mörder-Gully:

Die Dünenstraße verbindet die Käpt'n-Christiansen-Straße mit dem Gaadt. Von der Käpt'n-Christiansen-Straße aus liegt der Gully links Höhe der Hallen hinter dem Parkplatz.

Goldige, aber vor dem Bau des Hindenburgdamms auf Sylt exotische Tiere an der Hotelfassade.

50

Eichhörnchen

Kleine Exoten zieren legendäres Hotel

Eichhörnchen auf Sylt? Gibt es, seitdem es den Hindenburgdamm gibt. Denn zuvor kamen die Tierchen ja gar nicht auf
die Insel. Oder? Falsch. Es gab sie auch schon vorher. Und
das ist Otto Busse zu verdanken, der 1902 für zwölf Tage als
Kurgast nach Sylt kam. Hatte der etwa zahme Eichhörnchen im
Gepäck? Mitnichten! Er kam ganz ohne Eichhörnchen, aber voller
Visionen und vor allem: mit einem großen Gespür für die Zukunft der
Insel. Otto Busse, der Berliner Restaurantbesitzer und Droschkenver-
mieter, fand nämlich großen Gefallen an Sylt und war sich sicher, dass
es eine große Zukunft haben werde und ein Landkauf deshalb nicht
verkehrt sein könne. Am 17. August 1902 schrieb er seinem Sohn: „Sylt
hat, wie man auch aus allem sieht, eine große Zukunft, und deshalb

gehe ich mit nichts Geringerem um, als hier an der besten Lage ein Stück Land zu kaufen, um ein Logirhaus darauf zu bauen, und ich habe auch die nötigen Schritte dazu schon getan." Auf der Insel, meinte der Restaurantbesitzer, fehle es „an modernen, anständigen Häusern". Er schrieb, dass er hier „ein feines, lebenslustiges Publikum" antreffe, „wie man es nicht erwartet hat". Otto Busse war sich sicher, dass seine Investition Früchte tragen werde: „Auf keinen Fall ist Geld

***„Eichhörnchen?
Am Miramar?"***

zu verlieren, wenn man das Land auch nur zum Wiederverkauf erwirbt. Das Land liegt an den Dünen und an der Friedrichstraßen-Ecke. Durch den Ertrag von Läden, die zu erbauen wären und sicher vermietet würden, würde ein großer Teil der Kosten gedeckt." Die Insulaner haben allerdings über die Idee, an dieser Stelle ein Hotel zu bauen, nur den Kopf geschüttelt. Sie wussten, dass es viel zu dicht am Wasser liegt. Und richtig: 1907 musste eine Schutzmauer am Strand errichtet werden, damit das Gebäude nicht vom Wasser unterspült wird.

Doch davon ahnt Otto Busse noch nichts, als er im Januar 1903 mit dem Bau des Hotels beginnt – und es noch im selben Jahr eröffnet. Das Grundstück hatte er für 70.000 Mark gekauft, die Baukosten waren deutlich höher und bezifferten sich auf 300.000 Mark. Besonders teuer war hierbei die Verlegung von Schienen für eine Lorenbahn, mit der Baumaterial von Hörnum zur Baustelle gebracht wurde. Dort legten damals die Frachtschiffe an, erklärt der heutige Hotelbesitzer Nicolas Kreis, Urenkel des Erbauers. Vorbild für Otto Busses Hotel war Schloss Miramare, das in der Nähe der italienischen Stadt Triest liegt. Selbiges war gerade mal 50 Jahre alt, als Otto Busse seine Pläne schmiedete, Erzherzog Ferdinand Maximilian von Österreich hatte es 1856 bis 1860 errichten lassen. Der Bau nahe Triest sollte Maximilians Liebe zum Meer widerspiegeln. Und der Bau auf Sylt die des Otto Busse. Nach Miramare in Triest wurde dann auch das Sylter Haus benannt, wenn auch ohne „e". Mira bedeutet so viel wie „schauen, blicken" und mare heißt übersetzt „Meer". Miramare steht also für „Meerblick".

In dem neuen Hotel auf Sylt wurden zahlreiche Zimmer mit einem Balkon ausgestattet – nicht nur die zur Meerseite, sondern auch die zur Dünenstraße hin. Die Zimmer im ersten Obergeschoss, die zur Straße zeigen, bekamen keinen Balkon, dafür wurde unter den Fensterbrettern aber reizender Figurenschmuck angebracht. Der ist heute noch zu sehen. Viele Sylter haben ihn aber noch nie bemerkt und wundern sich, wenn man sie darauf anspricht: „Eichhörnchen? Am Miramar?" Nicolas Kreis weist darauf hin, dass auch die Säulen des Eingangsbereichs von Eichhörnchen geziert werden. Warum sich der Erbauer ausgerechnet diese hübschen Tierchen als Figurenschmuck gewählt hat, weiß auch er nicht.

Doch diese Vermutung haben viele: Dass Eichhörnchen auf Sylt damals etwas Besonderes waren, weil es sie aufgrund der damals noch fehlenden Verbindung zum Festland einfach nicht auf der Insel gab.

Was auch immer es war, das Otto Busse dazu bewegte, die niedlichen Tierchen an der Fassade des Hotels anzubringen: Diese kleinen Eichhörnchen haben schon auf so manchen illustren Gast hinuntergeblickt, der seine Sommertage im Miramar verbrachte. Der Dramatiker Gerhard Hauptmann (1862-1946) nebst Sohn und Gattin

Als das Hotel gebaut wurde, gab es auf der Insel noch keine Eichhörnchen.

kam im September 1909, Gustav Stresemann (1878-1929) reiste 1913 an, zehn Jahre bevor er für ein Jahr Reichskanzler werden sollte. Vielleicht hat der eine oder andere der illustren Gäste sie ja bemerkt, sich an ihnen erfreut und den niedlichen Tierchen sogar ein Lächeln geschenkt.

Eva-Maria Bast

So geht's zu den Eichhörnchen:

Das Hotel Miramar steht direkt am Meer an der Ecke Friedrichstraße/ Dünenstraße. Die Eichhörnchen kann man entdecken, wenn man das Haus von der Dünenstraße aus betrachtet. Sie befinden sich unterhalb der Fenster im ersten Stock. Weitere Eichhörnchen sind an den Eingangssäulen in der Friedrichstraße zu finden.

Nachwort

Sind nun alle Sylter Geheimnisse entdeckt? Für eine Antwort auf diese Frage bedarf es nicht wirklich eines Nachwortes. Natürlich gibt es noch viele Geheimnisse. Zahlreiche und sehr verschiedene Sylter haben in ihren Erinnerungen gekramt, mit Angehörigen gesprochen und so Geschichten ans Tageslicht geholt, die Gefahr liefen, vergessen zu werden. Es sind die Erlebnisse der Insulaner und ihrer Vorfahren. Manchmal sensationell, manchmal ganz alltäglich, doch immer verbunden mit der Sylter Identität. Deshalb hat unsere Söl'ring Foriining dieses Projekt gerne unterstützt, denn hiermit wird auch der Sinn unseres Vereins deutlich: Wir kümmern uns um die insulare Kultur, den Küstenschutz und die Denkmalpflege, damit die Sylter Identität gewahrt wird. Zum Wohle der Insel und aller, die sich ihr verbunden fühlen. Auch deshalb haben sich Akteure der Söl'ring Foriining bereit erklärt, ihr Geheimnis zu lüften. So auch unser Vorstandsmitglied Wiebke Stitz, die mit Eva-Maria Bast in den Begegnungen mit den Geheimnis-Paten Erkenntnisse über die Geschichte und die Menschen der Insel gewinnen konnte. So geht es sicher auch vielen Lesern: Sie schließen das Buch mit dem Gefühl, dem eigentlich unlösbaren Geheimnis Sylt ein Stück näher gekommen zu sein.

Sven Lappoehn

Sven Lappoehn
Geschäftsführer Söl'ring Foriining e.V.

Quellen, Literatur, Bildnachweis

Aufmkolk, Tobias: „Sand für Sylt". In: Das Erste, W wie Wissen. URL: http://www.daserste.de/information/wissen-kultur/w-wie-wissen/sendung/sand-sylt-100.html. Abgerufen am 23.02.2015.

Bächtold-Stäubli, Hanns (Hrsg.): Handwörterbuch des deutschen Aberglaubens. Berlin / New York 1987, S. 1834 ff.

Bartels, Maike: „Die Wanderdünen auf Sylt – Von der Bekämpfung bis zum Schutz eines Naturphänomens". In: Collet, Dominik; Jakubowski-Tiessen, M.: Schauplätze der Umweltgeschichte in Schleswig-Holstein – Werkstattbericht. Göttingen 2013, S. 21.

Benkergitter. URL: http://www.rutengeher.com/erdstrahlen/gitternetze/benkergitter/index.html. Abgerufen am 09.05.2016

Berger, Ursel: „Sintenis, Renée". In: Neue Deutsche Biographie (NDB). Band 24. Berlin 2010, S. 471 f. (Digitalisat).

Berliner Meilensteine: Denkmale für Berlin. Meilensteine und Litfaßsäulen. URL: http://www.berliner-meilensteine.de/geschichte.html. Abgerufen am 20.04.2016.

Boie, Margarete: Dammbau. Husum 2012.

Brandt-Odenthal, Marion: Wenn Sylt versinkt. Frankfurt 1998.

Bremen, Silke von: Mehr wissen über Rantum und Hörnum. Neumünster 2003, S. 52 f.

Comedix: „Asterix und Obelix". URL: http://www.comedix.de/lexikon/db/vorwort.php. Abgerufen am 08.05.2016.

Dahlke, Helga: „Erinnerungen an den

Arzt Dr. J.H.F. Otto". In: Sylter Rundschau vom 25.09.1992.

Deppe, Frank; Frenzel, Volker: Sylt – Inselgeschichten: Anekdoten, Kuriositäten, Außergewöhnliches von gestern und heute. Hamburg 1998, S. 114.

Deppe, Frank; Frenzel, V.: Sylter Tragödien. Westerland 2011, S. 116 f., 120 ff.

Deppe, Frank: Wegst – Seit 1896. Firmenchronik. Sylt 2012.

Deppe, Frank: „Einsiedler mit Vorliebe für den Sommerhimmel". In: Sylter Rundschau vom 27.03.2012. URL: http://www.shz.de/lokales/sylter-rundschau/einsiedler-mit-vorliebe-fuer-den-sommerhimmel-id137507.html. Abgerufen am 24.04.2016.

Deppe, Frank: „Als die Sylter auf Walfang gingen". In: Sylter Rundschau vom 28.12.2012. URL: http://www.shz.de/lokales/sylter-rundschau/als-die-sylter-auf-walfang-gingen-id254612.html. Abgerufen am 24.04.2016.

Deppe, Frank: „Wie die Katholiken nach Sylt kamen". In: Sylter Nachrichten vom 06.04.2013.

DIE WELT vom 10.08.2014: „Sylt und die Dänen – Krieg um Keitum".

Expedia: „Wanderdünen List". URL: http://www.expedia.de/vc/reisefuehrer/wanderduenen-list-sylt. Abgerufen am 24.04.2016.

Fachplan Küstenschutz Sylt – Bisheriger Küstenschutz – Biotechnischer Küstenschutz. S. 5, 6, 9, 10, 11, 12 URL: http://www.schleswigholstein.de/DE/Fachinhalte/K/kuestenschutz_fachplaene/

Sylt/Downloads/FP_Sylt_3-3_Biotechnik. pdf?__blob=publicationFile&v=2. Abgerufen am 24.04.2016.

Förderkreis bei der Kirchengemeinde Hörnum-Rantum e.V.: St.-Thomas-Kirche in Hörnum auf Sylt. 2001.

Gerlach, Walter: Das neue Lexikon des Aberglaubens. München 2000, S. 15 ff.

Geschichte-s-h: „Up ewig ungedeelt". URL: http://www.geschichte-s-h.de/ up-ewig-ungedeelt/. Abgerufen am 10.05.2016.

Geschichte-s-h: „Privileg von Ripen". URL: http://www.geschichte-s-h.de/ privileg-von-ripen/. Abgerufen am 10.05.2016.

Golflexikon: „Golf". URL: http://www. golfen-preiswert.de/golflexikon_p.html. Abgerufen am 24.04.2016.

Gronau, Wolfgang von: Wie ich fliegen lernte. Leipzig 1941.

Hansen-Petersen, Peter: Chronik von List auf Sylt. Typoskript, S. 38 ff.

Hartung, Jochim: St. Martin Morsum. Regensburg 2005, S. 12 f.

Hildebrand, Klaus: Hitlers Doppelspiel im abessinischen Krieg. Kanonen für den Negus. Neue Erkenntnisse über die Entstehung der „Achse" Berlin-Rom. ZEIT ONLINE, 12. Februar 1971. Rezension über: Funke, Manfred: „Sanktionen und Kanonen. Hitler, Mussolini und der internationale Abessinienkonflikt". Düsseldorf 1970. URL: http://www.zeit.de/1971/07/ kanonen-fuer-den-negus. Abgerufen am 13.05.2016.

Insel-Sylt: „FKK auf Sylt heute". URL:

http://www.insel-sylt.de/straende/fkk-straende.html. Abgerufen am 08.05.2016.

Janssen, Adolf: Protokollbuch der Vogelkojeninteressentgemeinschaft. Entwicklungsgeschichte der Rantumer Vogelkoje.

Jessen, Wilhelm: Sylter Sagen, nach den Schriften des Heimatforschers C. P. Hansen. Westerland auf Sylt 1925. URL: http://www.sagen.at/texte/sagen/ deutschland/schleswig_holstein/ hexentanzbuder.html. Abgerufen am 25.02.2016.

Jesumann, Nils: „Der Hindenburgdamm und die Namensfrage". In: Sylter Rundschau vom 25.01.2014.

Jordsand: „Rantumbecken Sylt". Auf: www.jordsand.de/vor-ort/rantumbecken-sylt/. Abgerufen am 15.02.2016.

Jurgs, Michael: Die Insel – Bilder, Geschichten, Menschen von Sylt. Hamburg 1978, S. 135 ff.

Katholische Kirche Sylt: Notizen zur Geschichte der Pfarrei. URL: http:// katholische-kirche-sylt.blogspot. de/2012/03/notizen-zur-geschichte-der-pfarrei.html. Abgerufen am 19.04.2016.

Kirschner, Jan: Der Personenverkehr über den Hindenburgdamm und die Sylter Inselbahn. Hamburg 1998. S. 63 f.

Kirschner, Jan: Auf Schienen durch die Nordsee. Flensburg 2002, S. 18 ff.

Kunst Lübeck: „Albert Aereboe". URL: http://www.kunst-luebeck.de/kuenstler details/aereboe.html. Abgerufen am 24.04.2016.

Kunz, Harry; Steensen, Thomas : Das neue Sylt-Lexikon. Neumünster 2007, S.

26, 44, 58, 65, 66, 71, 100, 146, 159, 169, 220, 259, 279, 307, 310, 353, 395, 414, 420.

Laugwitz, Anette: Architekt Walther Baedeker (1880-1959): Bürgerliches Wohnen in Hamburg und auf Sylt. Hamburg 2003, S. 143 f.

List-Sylt: „Wolfgang von Gronau". URL: http://www.list-sylt.de/buchen/.../ueber-list/sportboothafen/wolfgang-von-gronau/index.php. Abgerufen am 08.05.2016.

Mack, Cécile: Henriette Hirschfeld-Tiburtius (1834-1911). Das Leben der ersten selbstständigen Zahnärztin Deutschlands. Frankfurt am Main 1999.

Meier, Dirk: Die Küste. URL: http://vzb.baw.de/die-kueste/0/k079107.pdf. Abgerufen am 28.04.2016.

Musil, Robert: Die Sturmflut auf Sylt. Onlineversion. Google Books. URL: https://books.google.de/books/musil. Abgerufen am 28.04.2016.

Nieß, Julia: „Wappen auf Sylt: Die bestehenden Wappen der Insel". In: Sylter Rundschau vom 02.12.2014. URL: http://www.shz.de/lokales/sylter-rundschau/die-bestehenden-wappen-der-insel-id8343321.html. Abgerufen am 12.05.2016.

Nord-Katholiken: „Katholischer Glaube". URL: www.nord-katholiken.de/audpf.html. Abgerufen am 14.03.2016.

Nordlichter-bps: „Siedlung". URL: http://nordlichter-bps.jimdo.com/siedlung/. Abgerufen am 10.04.2016.

Odenwald, Andreas: „ Wenzel Wohner und sein weiter Weg nach Westerland". In: Sylter Nachrichten vom 27.10.2009.

Ökumenisches Heiligenlexikon: „Kanut Knud von Daenemark". URL: https://www.heiligenlexikon.de/BiographienK/Kanut_Knud_von_Daenemark.htm. Abgerufen am 25.01.2016.

Pons, Ruth: „Von der Pastorentochter zur Hofärztin der Kronprinzessin". In: ÄrzteZeitung vom 05.05.2009. Auf: http://www.aerztezeitung.de/panorama/article/540201/pastorentochter-hofaerztin-kronprinzessin.html. Abgerufen am 06.05.2016.

Rechtspflegerforum: „Goldmark". URL: http://www.rechtspflegerforum.de/showthread.php?65446-Goldmark-Wie-ist-der-Umrechnungskurs-in-DM-oder-Euro. Abgerufen am 06.03.2016.

Rhein-Erft-Kreis: Vermessung und Kataster. URL.: https://www.rhein-erft-kreis.de/Internet/Themen/Bauen_und_Planen/Vermessung_und_Kataster/article/bedeutung-und-schutz-der-trigonometrischen-punkte-und-der-nivellement punkte. Abgerufen am 17.05.2016.

Schmidt-Eppendorf, Peter: Sylt. Memoiren einer Insel. Husum 1977, S. 10, 14, 15, 26, 27, 50, 59, 64, 96, 120, 132, 133, 144 ff., 167, 190-193,215 ff.

Schutzstation Wattenmeer: „Krähenbeere". URL: http://www.schutzstation-wattenmeer.de/wissen/pflanzen/duene/kraehen beere/. Abgerufen am 12.04.2016.

Simon, Sven: Sylt – das Abenteuer einer Insel. Hamburg 1980, S. 54, 97, 142, 217 ff., 233, 236, 241, 262, 282.

Söl'ring Foriining (Hrsg.): hünen.kulTour. Informationstafel und Flyer, o.O., o.J.

Söl'ring Foriining (Hrsg.): „Der Denghoog", Flyer hünen.kulTour. Ohne Angaben.

Söl'ring Foriining: „Sölring in Sylter

Kindergärten und Schulen". In: Sylter Rundschau, Serie 2015.

Stritzky, Gabriele von: „Krankheit und Tod auf der Insel Sylt". URL: http://www.fof-ohlsdorf.de/kulturgeschichte/2014/127s20_sylt. Abgerufen am 24.04.2016.

Strobel, Robert (R.S.): „Berliner Bär als Mahner". In: DIE ZEIT vom 21.1.1954. Auf: http://www.zeit.de/1954/03/berliner-baer-als-mahner. Abgerufen am 30.04.2016.

Sylter Nachrichten, Silvester 2008: „Haus Kleemann: Wenn diese Steine sprechen könnten".

Sylter Rundschau vom 17.02.2006: „Eine Bahn nur für Baumaterial".

Sylter Rundschau vom 19.12.2012: „Der Schwarze Tod hielt reiche Ernte". URL: http://www.shz.de/lokales/sylter-rundschau/der-schwarze-tod-hielt-reiche-ernte-id258029.html. Abgerufen am 24.04.2016.

Sylter Rundschau vom 18.02.2013: „Sylt während des Zweiten Weltkrieges". URL: http://www.shz.de/lokales/sylter-rundschau/sylt-waehrend-des-zweiten-weltkriegs-id93144.html. Abgerufen am 01.01.2016.

Sylter Rundschau vom 21.10.2013: „Wie Sylt von der dänischen Herrschaft befreit wurde". URL: http://www.shz.de/lokales/sylter-rundschau/wie-sylt-von-der-daenischen-herrschaft-befreit-wurde-id3860816.html. Abgerufen am 29.05.2016.

Sylter Rundschau vom 18.12.2013: „Das Wohnzimmer Gottes". URL: http://www.shz.de/lokales/sylter-rundschau/das-wohnzimmer-gottes-id5223791.html. Abgerufen am 19.04.2016.

Sylter Spiegel: „St. Severin Keitum". http://

www.sylter-spiegel.de/archiv/archiv-2011/news-anzeigen/article/keitumer-kirchen fuehrer-machten-sich-auf-den-weg-seve rin-und-martin-die-freundschaft-zweier-hei.html. Abgerufen am 23.02.2016.

Trede, Helmut: „Die erste Zahnärztin Deutschlands - eine Pastorentochter aus Brande-Hörnerkirchen". In: Heimatkundliches Jahrbuch für den Kreis Pinneberg 2009, S. 117-122.

Tschepe, Eberhard: Hörnum und der Süden von Sylt. Ludwigsburg 2009, S. 18 f., 27, 58.

Voigt, Harald: Die Festung Sylt. Geschichte und Entwicklung der Insel Sylt unter militärischem Einfluß 1894-1945. Bredstedt 1992, S. 41.

WDR: „Serie Stichtag". URL: http://www1.wdr.de/stichtag/stichtag8816.html. Abgerufen am 26.04.2016.

Wedemeyer, Manfred; Voigt, H.: Westerland Bad und Stadt im Wandel der Zeit. Westerland 1980, S. 9 f., 34 f., 112 ff.

Wedemeyer, Manfred: Festschrift. 700 Jahre List auf Sylt. 1292-1992. Sylt 1992, S. 48.

Wikipedia: „Axel Springer". URL: https://de.wikipedia.org/wiki/Axel_Springer. Abgerufen am 26.04.2016.

Wikipedia: „Bronzezeit". URL: https://de.wikipedia.org/wiki/Bronzezeit_ (Mitteleuropa). Abgerufen am 10.04.2016.

Wikipedia: „Caspar Danckwerth". URL: https://de.wikipedia.org/wiki/Caspar_ Danckwerth. Abgerufen am 12.04. 2016.

Wikipedia: „Ganggrab". URL: https://de.wikipedia.org/wiki/Ganggrab_bei_ Kampen. Abgerufen am 10.04.2016.

Wikipedia: „Insel-Fusion". URL: https://de.wikipedia.org/wiki/Sylt-Ost. Abgerufen am 08.05.2016.

Wikipedia: „König Erik IV. von Dänemark". URL: https://de.wikipedia.org/wiki/Erik_VI. Abgerufen am 26.04.2016.

Wikipedia: „Knut Kanonisierung". https://de.wikipedia.org/wiki/Knut_IV._(Dänemark). Abgerufen am 23.02.2016.

Wikipedia: „Krähenbeere". URL: https://de.wikipedia.org/wiki/Schwarze_Kraehenbeere. Abgerufen am 12.04.2016.

Wikipedia: „Leopoldine Konstantin". URL: https://de.wikipedia.org/wiki/Leopoldine_Konstantin. Abgerufen am 26.04.2016.

Wikipedia: „Paul Dahlke". URL https://de.wikipedia.org/wiki/Paul_Dahlke_(Buddhist). Abgerufen am 24.04.2016.

Wikipedia: „Stupa". URL: https://de.wikipedia.org/wiki/Stupa. Abgerufen am 25.04.2016.

Wikipedia: „Sylt-Ost". URL: https://de.wikipedia.org/wiki/Wenningstedt-Braderup_(Sylt). Abgerufen am 08.05.2016.

Wikipedia: „Turmbolzen". URL: https://de.wikipedia.org/wiki/Turmbolzen. Abgerufen am 16.05.2016.

Wikipedia: „Umrechnung Reichsmark/Euro". URL: https://de.wikipedia.org/wiki/Reichsmark. Abgerufen am 26.04.2016.

Wikipedia: „Vogelkoje". URL: https://de.wikipedia.org/wiki/Vogelkoje. Abgerufen am 23.04.2016.

Wikipedia: „Volk ohne Raum". URL: https://de.wikipedia.org/wiki/Volk_ohne_Raum. Abgerufen am 08.05.2016.

Wikipedia: „Wenningstedt-Braderup (Sylt)". URL: https://de.wikipedia.org/wiki/Wenningstedt-Braderup_(Sylt). Abgerufen am 19.04.2016.

Wikipedia: „Wilhelm II." URL: https://de.wikipedia.org/wiki/Wilhelm_II._(Deutsches_Reich). Abgerufen am 13.04.2016.

Wikipedia: „Wolfgang von Gronau". URL: https://de.wikipedia.org/wiki/Wolfgang_von_Gronau. Abgerufen am 25.02.2016.

Wohnungsbörse: „Quadratmeterpreis Sylt". URL: http://www.wohnungsboerse.net/immobilienpreise-Sylt/13774. Abgerufen am 24.05.2016.

Zahnärztekammer Berlin: 175. Geburtstag Henriette Hirschfeld-Tiburtius - 1. Zahnärztin Deutschlands. URL: http://www.zaek-berlin.de/presse/pressearchiv/presse-detail/browse/2/article/348/175-geburts.html. Abgerufen am 20.04.2016.

Zipfelbund. Auf: www.zipfelbund.de. Abgerufen am 28.02.2016.

Bildnachweis:

Vorwort: Fotograf Michael Magulski
S. 28: Kirche St. Severin
S. 29: Kirche St. Severin
S. 35: Kirche St. Severin
S. 36: Kirche St. Severin
S. 65: Fotograf Pierre Boom
S. 98: Fotograf Lars Rekemeyer
Nachwort: Fotograf Tom Tautz

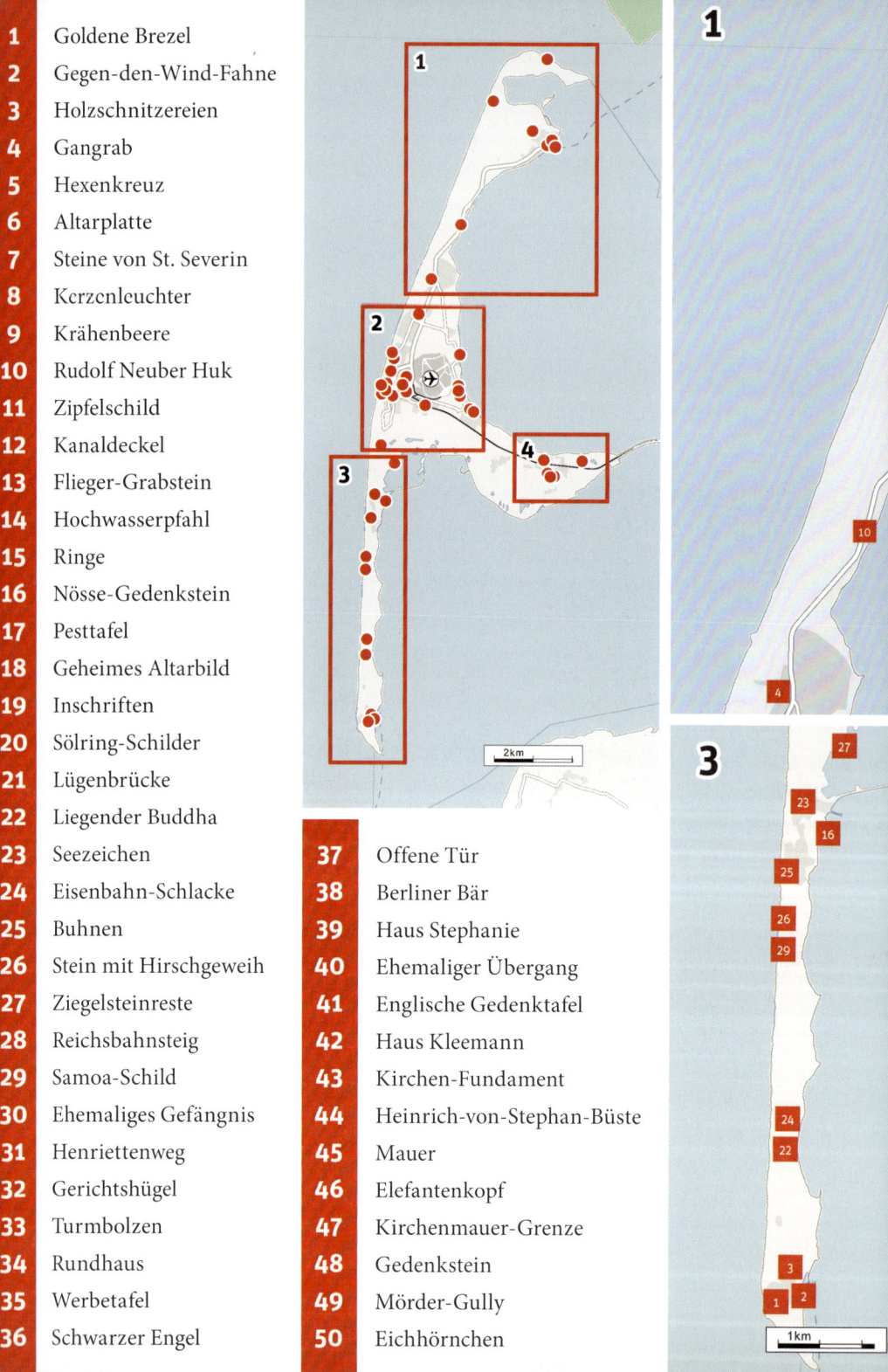

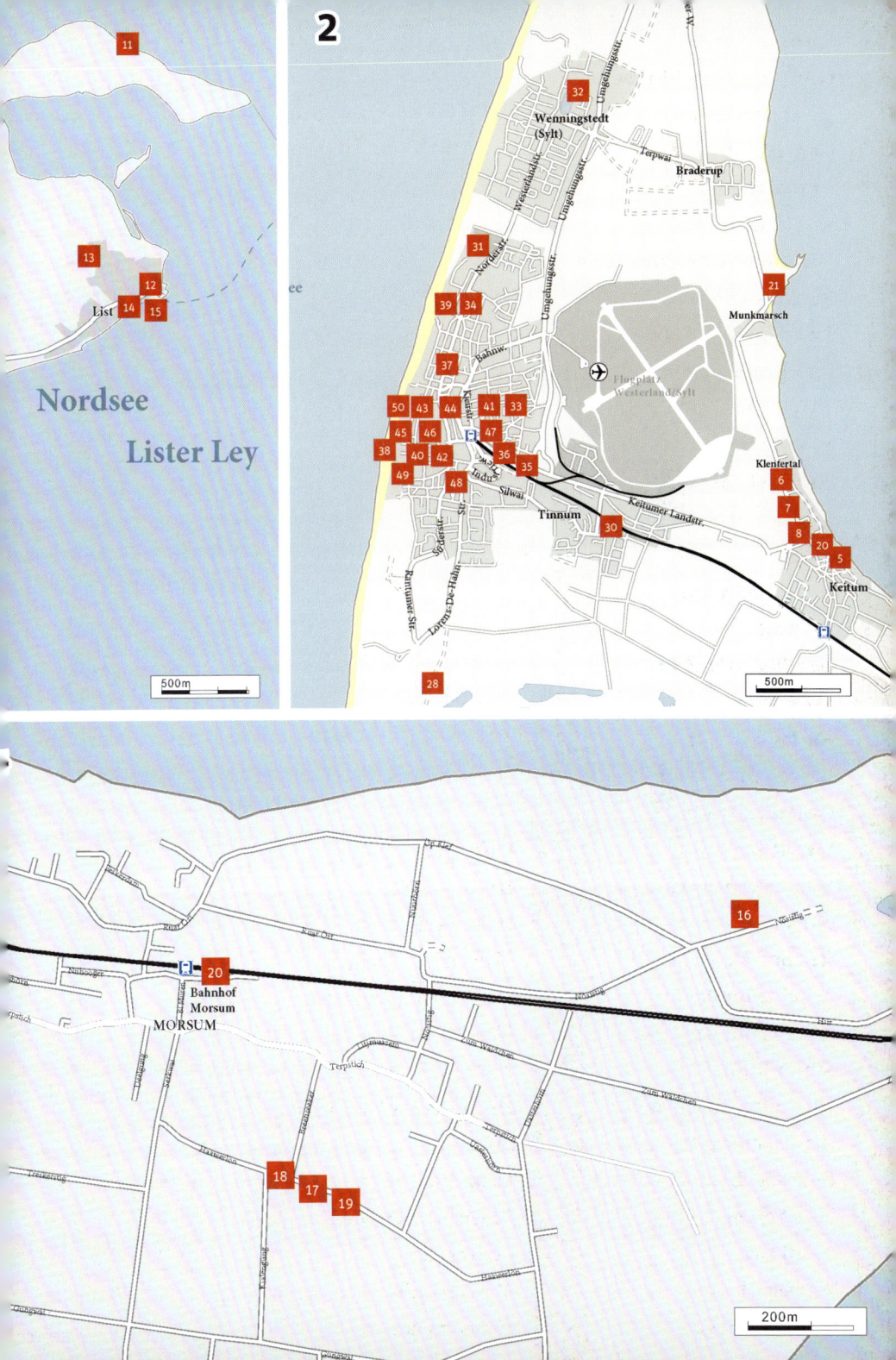

2

Wenningstedt
(Sylt)

Braderup

List

Nordsee

Lister Ley

Munkmarsch

Flugplatz
Westerland/Sylt

Klenfertal

Tinnum

Keitum

500m

500m

Bahnhof
Morsum

MORSUM

200m

....

Hier gibt es sachkundige Informationen:

Dänische Kirche Sylt
Meditation jeden Mittwoch um 20.00
Uhr als offene Meditation in der
dänischen Stallkirche
Rosenweg 5 | 25980 Sylt/Westerland
Telefon: 04651 / 22892
E-Mail: hansen@kirken.de
Homepage: www.dks-folkekirken.dk

**Dittmeyer´s Austern-Compagnie
GmbH**
Sylter Royal
Alles rund um die Auster
Mit Verkostung buchbar
Hafenstraße 10-12
25992 List auf Sylt
Telefon: 04651 / 870860
Fax: 04651 / 870430
E-Mail: info@sylter-royal.de
Homepage: www.sylter-royal.de

Falk Eitner
Führungen „Unterwegs mit Kapitän
Falk Eitner"
Telefon: 0177 / 5020460
Homepage: www.falkeitner.de

Dörte Hansen
Nationalpark-Partner Gästeführerin
und mehr
Sylter Geschichte erleben und mehr
Die Insel, Brandung mit Reizung,
Eine Insel so charakteristisch wie
seine Ur-Bewohner

Telefon: 0151 / 59413736
doerte@erlebe-nordfriesland.de
Homepage: www.erlebe-
nordfriesland.de

Birgit Hussel
Naturkundliche Wanderungen
mit historischen Aspekten und
sinnliche Wattwanderungen auf Sylt
Am Seedeich 16B | 25980 Westerland
Telefon: 0171 / 2167887
E-Mail: b.hussel@t-online.de

Jochen Neumann
Diverses Videomaterial/
Photomaterial Küstenschutz Sylt
und Hörnum Odde Sturmfluten
u.a. Christian/Xaver Ende 2013
Spuren, Reste Atlantikwall Sylt
E-Mail: jfn-sms@gmx.de

Msgr. Peter Schmidt-Eppendorf
Verein für katholische
Kirchengeschichte in Hamburg und
Schleswig-Holstein
Telefon: 04079 / 144474
E-Mail:
p.schmidt-eppendorf@t-online.de
Homepage: www.schmidt-eppendorf.de

Silke v. Bremen
Dipl. Geografin, Gästeführerin und
Reiseschriftstellerin
Nordmarkstraße 9

25980 Sylt/Westerland
E-Mail: sylt@silke-von-bremen.de
Homepage: www.guideaufsylt.de

Söl'ring Foriining
Pflege der friesischen Sprache und
Brauchtum
Küstenschutz und Schutz der
einmaligen Sylter Natur
Am Kliff 19a | 25980 Sylt/Keitum

Telefon: 04651 / 32805
Homepage: www.soelring-foriining.de

Sylter Heimatmuseum in Keitum
Alles rund um die Sylter Kultur
Öffnungszeiten von Ostern bis Okt.:
Mo. – Fr. 10 – 17 Uhr
Sa., So. & Feiertag 11 – 17 Uhr
Öffnungszeiten von Nov. bis Ostern:
Mi. – Sa. 12 – 16 Uhr

Publikationen:

Deppe, Frank: „... denn deutschen
Volksgenossen gehört der Strand!"
Wie der Nationalsozialismus die Insel
Sylt eroberte. Sylt 2015.

Deutsch-Dänisches
Kirchengesangbuch. Kopenhagen
2015.

Hansen, Jon Hardon (red.): HAAB
MOD HAAB. Die Geschichte der
dänischen Kirchengemeinde auf Sylt.
Flensburg 1998.

Johann, Frank: Di fjuur Evangelien.
Westerland 2006.

Jessel, Hans; Von Bremen, Silke: Sylt
365 Tage. Köln 2015.

Von Bremen, Silke: Gebrauchs-
anweisung für Sylt. München 2015.

Von Bremen, Silke; Ullmann,
Angelika: Pocket Quiz Sylt. Kempen
2014.

Waldherr, Gerhard; Babic, Alexander:
Inselstolz – zwischen Strandkorb und
Sturmflut. Hollenstedt 2013.

Waldherr, Gerhard:
Austernprinzessin. Hollenstedt 2015.

Besuchen Sie uns im Internet: **www.bast-medien.de**

Haftungsausschluss

Trotz intensiven Austauschs mit unseren Gesprächspartnern, gewissenhafter
Literaturrecherche und aufmerksamem Korrekturlesen erheben wir weder einen
Anspruch auf Vollständigkeit noch auf Fehlerlosigkeit. Wir haben streng darauf
geachtet, keine Urheberrechte zu verletzen, unsere Recherchen sind nach bestem
Wissen und Gewissen erfolgt. Dennoch übernehmen wir keinerlei Gewähr für die
Aktualität, Korrektheit oder Vollständigkeit der bereitgestellten Informationen.
Haftungsansprüche gegen uns schließen wir grundsätzlich aus.